«*Una nueva vida de Cristo en adelante*, escrito por mi hermano y amigo Kike Torres, es una excelente herramienta para poner en manos de un nuevo creyente —o de un viejo creyente— que necesite comenzar a transitar por el camino del discipulado fiel. Nos ayuda a comprender quiénes somos en Cristo, y la vida que fluirá de nuestra unión con Él a medida que andemos en comunión activa y constante con Su compañía. Me causa gran alegría recomendar este útil trabajo».

DANIEL L. AKIN
Presidente de Southeastern Baptist
Theological Seminary

«Dios está usando a mi amigo Kike Torres para extender Su gloria de muchas maneras y a través de él ha escrito algunas de las verdades más importantes y fundamentales que cualquier ser humano necesita comprender. Kike es un pastor, un consejero y un líder que ama a Jesús, ama la Palabra de Dios y ama a la Iglesia de Jesucristo lo suficiente como para meterse en las trincheras de personas reales con el fin de ayudarlas a superar problemas reales. Este libro es un gran recurso para quienes deseen apoyar a sus semejantes a experimentar la verdadera vida en Jesucristo. Cada capítulo los guiará a través de una porción bíblica y fundamental de lo que significa ser creado a imagen de Dios y vivir para Su gloria. Adquiérelo, léelo y úsalo para ayudar a otros».

BRAD BIGNEY
Pastor de Grace Fellowship desde 1996;
maestro en divinidades y consejero certificado por ACBC, y
autor de *Gospel Treason, Betraying the Gospel
with Hidden Idols*

«Este libro se encuentra saturado de evangelio y ni una sola palabra ha sido desperdiciada en su propósito de ayudarnos a entender con claridad nuestros problemas y sus correspondientes soluciones. Con este valioso recurso Kike nos conduce a comprender las verdades básicas que nos permiten estar sanos y salvos. Aunado a lo anterior, nos lleva a reflexionar de manera práctica sobre si estamos viviendo a la luz de esas verdades, al tiempo que nos señala un camino para vivirlas. Su obra será una enorme bendición en las manos de cualquier cristiano que la lea, tanto para su propio crecimiento como para ayudar a crecer a otros cristianos».

JUSTIN BURKHOLDER
Iglesia Reforma / Acts 29 / Autor del libro
Sobre la roca

«Nadie mejor que mi amigo Kike Torres para escribir este libro dirigido a quienes en su desesperanza buscan a alguien que los guíe con cuidado y paciencia a los brazos de Aquel que puede "levantar sus cabezas". Kike ha sido creado, llamado y dotado por Dios para hablar el idioma de los quebrantados de corazón, conectar con ellos en su circunstancia y llevarlos de la mano para que encuentren al mismo Ser que hace años transformó su vida. Toma este libro, léelo y sigue los pasos que Kike te recomienda. Estoy seguro de que en el trayecto tu vida experimentará un agradable impacto».

CARLOS CONTRERAS
Pastor-líder de la iglesia Gracia Soberana
de Ciudad Juárez, Chihuahua,
y miembro del Consejo de Coalición
por el Evangelio

«Agradezco a Dios por la vida del pastor Kike; sin duda ha sido una bendición para mi vida en estos últimos dos años al ver cómo Dios lo ha usado en materia no solamente del área de consejería, sino en la pasión de cómo llevar el ministerio pastoral. Un gran ejemplo de que el llamado de Dios se desarrolla a cualquier edad y que la dedicación y el empeño a ese llamado es nuestra responsabilidad. Nuestra vida en esta tierra tiene como propósito glorificar a Dios y gozar de Él para siempre, y con claridad podemos ver esta realidad en la vida del pastor Kike haciendo lo que hace para Su gloria».

MARCIAL MAGADÁN
Pastor (Mérida, México)

«Kike es contagioso. Déjame te explico: bastan unos minutos junto a él para que su pasión por el evangelio y el pueblo de Dios te impregne por completo. He visto eso no solo a través de su ministerio público, también he sido beneficiado en privado de su compromiso por cuidar y amar, como diría él, de parte de Dios, a quienes lo buscamos como amigo, consejero o pastor. Las verdades aquí contenidas son tanto eternamente útiles como inmediatamente prácticas».

JAIRO A. SUÁREZ
Pastor (Redil del Sur, Medellín, Colombia)

«El compromiso de Kike con el evangelio y la enseñanza, y su entrega para levantar a otros para el ministerio ha sido el sello de un testimonio que se ha fortalecido con el paso del tiempo y de las pruebas. Su amor, devoción a Dios, generosidad y total transparencia son parte de las evidencias de la gracia que Dios ha dado a mi vida y la de mi familia a través de su amistad durante más de una década».

ADRIAN CAPITAINE
Pastor (Horizonte Villahermosa,
México)

«Considero la oportunidad de comentar el libro de mi amigo Kike Torres como una bendición, ya que es una herramienta muy útil para la consejería bíblica. Su participación en dicha labor ha sido ejemplar y el contenido de la obra lo refleja. Los temas y el enfoque presentados aplican tanto a nuevos creyentes como para creyentes maduros. El texto aborda muchos asuntos que son expuestos en la consejería bíblica y a la vez es una manera de estudiar las Escrituras con aplicación. El material está expuesto de tal forma que promueve el rendimiento de cuentas, lo cual ayuda en la santificación progresiva del aconsejado. A su vez, nos ayuda a vernos como Dios nos ve. Este libro es una herramienta muy útil para todo consejero bíblico y también para estudio individual».

RAFAEL CASTREJÓN
Pastor (consejero en Tijuana, México)

«*Una nueva vida de Cristo en adelante* tiene un lenguaje simple y muy directo como el que caracteriza al autor, nuestro amigo y pastor Kike Torres. La obra cuenta con aplicaciones prácticas que te impulsan a vivir el evangelio, te reta a alcanzar a otros, mientras que ese mismo evangelio se arraiga más en lo profundo de nuestras vidas. Es una gran herramienta cuando estás luchando por vivir una vida que nunca se podrá vivir separados de Dios. Como creyentes, este libro nos apunta a Cristo; nos recuerda lo que tenemos y quienes somos en Cristo. ¡Está saturado por el evangelio!».

«*Una nueva vida de Cristo en adelante* es en realidad un taller para el andar y actuar en el camino cristiano. Con profundidad y un estilo sencillo y claro, pero sobre todo práctico. Aviva el entendimiento y anima a vivir lo aprendido en un camino de siete semanas que puede impactar para siempre. Excelente y muy recomendable».

«Una obra que realmente todo creyente nuevo y de muchos años debería leer si su deseo es caminar y glorificar a Dios con su vida. La práctica de este libro me ha ayudado a desarrollar hábitos que en muchos años como cristiano debí haber desarrollado. Sin duda lo recomiendo por la claridad con la que está escrito y las tareas prácticas que te ayudan a crecer y tener una vida centrada en el evangelio».

UNA NUEVA VIDA
DE CRISTO
EN ADELANTE

*7 semanas de tácticas bíblicas
para ver a Dios salvar, sanar
y transformar*

Kike Torres

La misión de Editorial Vida es ser la compañía líder en satisfacer las necesidades de las personas, con recursos cuyo contenido glorifique al Señor Jesucristo y promueva principios bíblicos.

UNA NUEVA VIDA DE CRISTO EN ADELANTE
Editorial Vida – 2020
Nashville, Tennessee
© 2020 por José Enrique Torres Guzmán
Este título también está disponible en formato electrónico.

Originalmente publicado en Vida México.
© 2019. Vida México es un sello de HarperCollins México.

Editora en Jefe: *Graciela Lelli*
Diseño tipográfico y de interiores: *Mutāre, Procesos Editoriales y de Comunicación*
Edición final: *José Mendoza Sidia*

ISBN: 978-0-82974-276-3

CATEGORÍA: RELIGIÓN / Iglesia cristiana / Crecimiento

IMPRESO EN ESTADOS UNIDOS DE AMÉRICA

20 21 22 23 24 LSC 9 8 7 6 5 4 3 2 1

Contenido

Agradecimientos

A Dios, que me creó y me sigue formando; quien me llamó, redimió, adoptó y me sostiene, y a quien quiero exaltar como MEJOR mientras viva y disfrutarlo en vivo por siempre gracias a la persona y obra de Cristo. Él es el protagonista de la historia, de mi historia, y anhelo que también sea de la tuya.

Dentro de Su plan hay personajes secundarios muy importantes para mí que contribuyeron a hacer posible esto:

A Pau, mi rubia, quien acudió a uno de los llamados más difíciles y *peligrosos* que existen en el reino de Dios: casarse conmigo. Gracias por ser el rostro de la empresa y la parte fina de nuestra familia.

A Chris, a quien esperé durante tanto tiempo sin saberlo, y quien en nuestra relación padre-hijo es reflejo y deleite de un mutuo y loco amor.

A Juan Domingo, uno de los «tres hombres más mansos y humildes que conozco», fundador de la iglesia Horizonte Querétaro, hace cinco lustros, quien en gracia tuvo la certeza de que un joven de veintiocho años sería usado por Dios para lo que hoy vemos que Él ha hecho.

A Horizonte Querétaro, a los pastores, diáconos y miembros de la iglesia, la parte del cuerpo de Cristo que Dios encargó a pastorear; gracias por sus oraciones, por su amor y por su apoyo incondicional.

A Luis Mendez, que me enseñó a comprender la necesidad de «ver a Dios en todo conflicto y diferencia», y con gracia, en las buenas, las altas, las bajas y las peores; quien durante años me introdujo y me guio en lo que hoy conozco como *consejería bíblica*.

A Deepak Reju, Steve Viars y todo el equipo de Biblical Counseling Coalition, por animarme a empezar y orar para que pudiera terminar este proyecto.

A Danny Akin, presidente de SEBTS, por fomentarme una pasión real por Cristo, y por aquellos que han de formar parte de Su pueblo. ¡Porque Él vino, nosotros vamos!

A Johnny Hunt y Vance Pitman, por inculcarme con acciones un valor y un amor auténticos, generosos y apasionados por mostrar a Jesús, así como la verdad de que el cristianismo no se trata de lo que hacemos para Cristo, sino de lo que Él hizo, está haciendo y hará en nosotros para Su gloria.

A mis padres, abuelos, amigos y familiares, gracias por el valor que aportaron a mi vida. Esto no sería igual sin su presencia.

A quienes he aconsejado y han formado parte de mi vida; es un lujo ver de cerca obrar a Dios en sus personas. Aprecio poder haberles servido. La historia que el Señor está escribiendo en ustedes constituye el músculo y la carne con los cuales conformará esta serie de libros que apenas comienza.

A mis críticos y opositores, pues han sido instrumentos en las manos de Dios que han aportado a esta obra y por quienes hoy estoy muy agradecido.

A ti, que estás leyendo, por disponer tu corazón a lo que estas siete semanas podrán ser en una vida en la que Cristo sea la diferencia, para que puedas vivir *de Cristo en adelante*.

Introducción

Oh Señor, si me sanas, seré verdaderamente sano;
si me salvas, seré verdaderamente salvo. ¡Mis alabanzas
son solo para ti!
(Jeremías 17:14 NTV).

———— ▪ ————

¡LA VERDAD ES QUE EL PERDÓN
YA ME SUENA MUY BARATO

«*Dios, ya no sé qué decirte.* La verdad, el perdón ya me suena vacío… Pero aquí estoy: pequé contra ti; perdóname, ya no quiero seguir así. ¡Por favor, sálvame!».

Esas fueron las palabras que salieron de mi corazón hace casi dos décadas. ¿Recuerdas cuando eras niño y después de jugar y ensuciarte con tierra te lavabas las manos, y el agua que escurría de ellas salía sucia y se iba por la coladera? Así esperaba yo que la salvación de Dios *limpiara mi alma,* sanara mi corazón y me redimiera porque estaba atrapado en una adicción con la que comenzaba a resignarme a vivir, pero que cada día me iba dejando una sensación miserable de vacío y suciedad.

¿Has experimentado algo similar, como ese momento en que ya habías perdido la cuenta de las veces que Dios te ha perdonado y sigues fallando una y otra vez, incapaz de salir de la situación o del ciclo que te impide levantar la cabeza y te sientes frustrado porque sabes que, en el fondo, estás hecho para algo mejor? Muchas personas errónea-mente y de manera desesperada buscan en su vida ese «momento» o ese acontecimiento futuro que venga a ser un parteaguas en su existencia y que rompa el círculo destructivo de negligencia o de malas decisiones que las mantienen en un abismo, del que solo Dios nos puede sacar (Salmos 103). Al conversar con esa clase de personas no faltan comentarios como los siguientes:

- «Cuando gane tanto dinero al mes, entonces todo estará bien».
- «Cuando me case ya no tendré que ver porno-grafía».
- «Cuando termine la carrera me enfocaré en ser responsable».
- «El día que mi esposa me respete, mi familia estará mejor».

- «Cuando mi marido me ame, entonces lo respetaré».
- «Cuando me vaya de casa podré hacer lo que quiera».
- «Cuando pague mis deudas ya no estaré tan ansioso».

Creo que se entiende la idea, ¿cierto? Pero lo que no comprendemos aún es que *ese acontecimiento ¡ya sucedió!* Ese momento crítico que marca una diferencia real no está en el futuro, pues ya se manifestó. Se realizó sobre un monte llamado Gólgota y también en una tumba que hoy está vacía. Por lo tanto, ya podemos *«dejar de esperar»* y nos toca ahora empezar a conocer lo que hizo Cristo, hacer nuestro Su sacrificio y tener *un nuevo y eterno comienzo.* El inicio de una aventura de fe, perdón, transformación y esperanza; no en algo que pasará, que nos transformará y que nos hará distintos, sino sobre *Alguien que ya vino para ofrecernos la salvación y la posibilidad de reinventarnos; para conectarnos con Él, que ha prometido terminar la obra de hacernos «nuevos» de adentro a afuera (Filipenses 1:6), funcionales, sanos, pero sobre todo suyos para siempre.*

Lo anterior marca la diferencia esencial. Cristo y Su obra determinaron un antes y un después en la historia del mundo. Pero en realidad es en tu vida a donde a Él le interesa establecer el antes y el después eterno.

¿POR QUÉ ESCRIBÍ ESTE LIBRO Y POR QUÉ DEBERÁS LEERLO HASTA TERMINAR?

Personas que amo y respeto mucho me han animado para que desarrolle por escrito herramientas de consejería bíblica que puedan ser empleadas en lo que en Horizonte Querétaro denominamos «Cristianismo a nivel de cancha», lo cual significa trabajar con la verdad de Dios de manera profunda y práctica con el fin de generar una profunda influencia en la vida de las personas. Eso es lo mismo que sucedió en mi propia vida y en una infinidad de cristianos en todo el mundo. Yo mismo he estado sentado en primera fila y he tenido el privilegio de ver cómo Dios verdaderamente da vida y transforma a las personas para Su gloria, aun cuando el propio receptor se asumía como perdido. La razón por la que este libro llega a tus manos es porque yo mismo soy fruto de esa gracia de Dios que rescata y transforma, y mi anhelo es que otros también puedan experimentarlo de igual forma.

TODO LO QUE IMPORTA ES...

En 2017 apareció en mi vida la segunda y más importante influencia de la última década de mi vida: Danny Akin, un hombre que, a través de sus enseñanzas y su carácter cristiano, me haría añorar crecer espiritualmente en Cristo y propició que descubriera una buena teología bíblica que me formara para llegar a ser el hombre que soy en la actualidad. Danny me enseñó algo que marcó mi ADN hasta hoy: «Todo lo que importa en la vida es agradar a Dios, esto es, amar al Señor». Mi ministerio, y también este libro, es fruto de esa instrucción.

¿Ubicas esos momentos en los que oras para que algo ocurra, cuando en realidad sabes que Dios te puso a ti en ese camino para que tú lo propicies? Como cuando viajas en el camión (bus) y por designio divino te topas con una persona que te comparte que lleva una pesada carga interior y al oírla oras diciendo: *Señor, mándale a alguien que le hable de ti para que aligere sus aflicciones*. Casi de inmediato puedes notar que Dios te replica: *¿En serio?, si para eso te puse aquí*.

Bueno, desde que me inicié en la consejería bíblica oraba para que Dios inspirara a autores de habla hispana a escribir recursos útiles que sirvieran a los consejeros, en especial a aquellos que están empezando a aconsejar. Soy autor de estas siete verdades que compartiré en este libro contigo. Tengo la convicción de que estas son verdades claves para que quienes asumen esta loable actividad conozcan, abracen y experimenten enseñanzas que les allanarán el camino durante su labor como consejeros en cualquier nivel y bajo cualquier situación a la que se enfrenten.

He descubierto que mientras más me aseguro de que estas siete verdades sean reales en la vida de las personas, más fácil resulta para mí después aplicar porciones y mecanismos de ejercicios piadosos para que vean a Cristo y Su obra. El propósito final es que esas personas sean salvas y transformadas para siempre para alabanza de la gloria de Dios y de Su maravilloso amor. En realidad, *solo soy un sanado* que habla de Aquel que lo sanó y lo sigue haciendo, y que sirve a otros para que puedan *disfrutar la esperanza diaria y eterna que ofrece nuestro buen Rey, poderoso y dispuesto a sanar a muchos más.*

Como podrás notar, este libro *no fue escrito por un gurú del tema* o un experto que ha descubierto los secretos para el éxito en la vida. Para ser honesto, yo mismo me cansé y me frustré de leer algunas obras «teológicas» que me hacían ver la vida de una forma en la que yo estaba a años luz de vivir. Noté también que el objetivo de muchos otros libros era arraigar en el lector la idea final de que su vida «no estaba tan mal», por lo que solo requería un poco de «alineación y balanceo» para llegar a ser más «espiritual». Si una de esas dos clases de libros es lo que estás buscando, *mejor no sigas leyendo*. Regala este ejemplar a quien tenga el deseo de *saber* cómo Dios puede hacer posible que vivamos una experiencia auténtica y palpable con el Señor transformando nuestras vidas porque solo Él es quien *levanta tu cabeza* (Salmos 3:3). Dáselo al que necesita *correr hacia Dios y ser levantado por Él* (Proverbios 18:10); al que necesita experimentar en su vida el hecho de *conocer* que es Dios quien *perdona, sana, nos saca del abismo* y nos colma de maravillosas misericordias todos los días (Salmos 103:1-4). *Este libro se ha concebido para el que está derribado, pero no destruido.*

De Cristo en adelante es un libro que nos llevará a recordar que Dios, el Creador, tiene mucho que decir con respecto a nuestra vida hoy y hacia dónde quiere llevarla en el futuro. Es un simple esfuerzo de *conectar la Palabra de Dios con su obra en cada persona* porque muchas personas están desesperadas por no saber qué es lo que está pasando en sus vidas, aunque Cristo sí lo sabe. Si esa persona eres tú, pertenecemos al mismo club. Hoy necesitamos que el Señor nos hable y que haga en nosotros lo que solo Él puede hacer. Él desea hacerlo, y si has leído hasta aquí, parece que tú también lo estás anhelando en tu propia vida.

Bienvenido a una aventura que será muy parecida a la que tuvo un hombre del tiempo de Jesús, quien estuvo oprimido bajo la poderosa influencia de un enemigo que lo estaba destruyendo por completo. Sin embargo, pudo experimentar un encuentro con el Dios vivo y Su necesaria intervención. Después de gozar del poder sanador de Dios, se fue «proclamando por toda la ciudad cuán grandes cosas Jesús había hecho por él» (Lucas 8:39, LBLA). Estoy seguro de que *Él también quiere hacer lo mismo contigo y cosas aún mejores. Lo he visto muchas veces.* Así que deja de «esperar» ese momento o ese suceso que transforme el resto de tu vida; es tiempo de experimentar lo que ya ocurrió: de Cristo en adelante. Ahora todo puede y debe ser diferente, porque *Cristo es mejor. Busca hoy una relación en donde puedas experimentar la completa redención, una de sanidad activa y transformadora en Cristo.* De eso trata este libro.

LA IMPORTANCIA DEL *CONSEJO*

La realidad es que *todos somos consejeros.* Entonces, la única pregunta que deberíamos responder es si eres o no un consejero bíblico. El primero permanecerá y dará fruto, al segundo se lo llevará el viento y terminará en ruina. Este libro tiene como objetivo que seas un consejero bíblico. Por eso se fundamenta en un proceso de consejería bíblica que imparto entre aquellos que genuinamente reconocen su necesidad y quieren recibir consejo. Ellos son llevados a tomar consciencia de su condición, y se les ayuda a comprometerse con Dios y experimentar la salvación que solo *viene del Señor* (Jonás 2:9).

CÓMO LEER Y ANDAR POR ESTA OBRA

Hace muchos años encontré en Internet el viejo *playbook* de un equipo de la NFL. Personalmente es un deporte que disfruto seguirlo por el conjunto de elementos que conlleva su juego; al revisar ese documento recuerdo haber notado que cada futbolista no solo *sabía lo que debía hacer durante cada jugada*, sino que además todos asumían la idea de que «si estás en el suelo no sirves de nada ni a nadie». Esa es la realidad de la vida.

En este libro, el *playbook* fue diseñado para que los «jugadores» activos —gracias a Cristo sabiendo que le pertenecen— conozcan su función en cada área de la vida, de acuerdo con las estrategias y las instrucciones del *head coach* y el dueño del equipo, en este caso, Dios. Durante las siete semanas que dura este proceso, el objetivo será que recorras un capítulo por semana y realices la respectiva TÁCTICA al encontrar no solo porciones bíblicas totalmente reales, relevantes y aplicables, sino que al conocerlas puedas *caminar junto a tu pastor, tu líder o tu consejero mientras pones en práctica lo que Dios indica.* Si sigues el proceso tal como lo presentamos, pronto verás el fruto de percibir que Él vive en ti y te está guiando y transformando en el camino.

Te advierto: jugarás por la transformación de tu vida y habrá mucha oposición, muchas distracciones y diversos temas que podrían empujarte a no terminar la lectura de estas páginas. Existe un enemigo que encontraría gran satisfacción en que no te ejercites en el ámbito espiritual, sino que sigas igual y llegues a un peor estado del que te hallabas cuando comenzaste la lectura de este libro.

No me interesa hablar de temas teológicos e intelectuales meramente teóricos si es que estas maravillosas verdades no terminan explotando con relevancia práctica en tu vida para bien de tu alma y Gloria del nombre de Cristo. Continuando con los conceptos deportivos, la *táctica* es la clave —llevar la teoría a la práctica al saber cómo ejecutar, dónde pararse y qué hacer a la hora de una jugada o de un momento crucial del partido y así alcanzar la victoria. ¿Ahora me entiendes?

Cada capítulo constituye una semana de lectura y de trabajo. Al final de cada sección te planteo un ejercicio de TÁCTICA PRÁCTICA que debes realizar para lograr el propósito de la semana. En otras palabras, estamos hablando del método para ejecutar un plan y obtener un objetivo específico. Algunos medios también lo definen como la habilidad de aplicar una estrategia, y en la vida en Cristo no tiene porque ser diferente. En Horizonte Querétaro sostenemos: «Lo que tú crees no cambia nada, hasta que algo cambia en ti».

EXPLICACIÓN GENERAL DE LA TÁCTICA

TEMA. Resumir en cinco renglones como máximo lo que más destacas o entendiste de cada capítulo; o, en su caso, para futuros procesos, el tema que hay que considerar de acuerdo con lo que aprendiste.

ATESORAR. Escribir o memorizar la porción bíblica de cada semana.

CORREGIR. ¿Qué pensamiento opuesto a esta verdad te perturba o te causa conflicto? Escríbelo y léelo en voz alta.

Transcribir. Transcribe la porción bíblica de la semana con tus propias palabras, como si debieras mandarla a alguien que nunca ha consultado la Biblia. Luego léela en voz alta tres veces. Deberás enviarla a tu consejero o pastor.

Integrar. ¿Cómo sería tu vida si eso resultara verdadero para ti? Escribe tres cosas muy específicas que experimentarías y que llevarías a cabo si vives la verdad estudiada durante la semana. Siempre deberás considerar Santiago 1:22-25.

Confiar. Programa siete sesiones diarias durante las cuales leerás y meditarás cada día y el resto de la semana tu transcripción en tus propias palabras de la porción bíblica, así como en las decisiones y en las acciones que consideraste en pasos anteriores (por eso es importante realizar los registros por escrito). Esta será una forma de llevar *cautivo todo pensamiento* (tu mente) *a Cristo* (2 Corintios 10:5) y sujetándolo a Su verdad, realizando un intercambio en el que dejas lo que antes creías, eras o anhelabas en tu vida. Dios quiere trabajar en ti un nuevo corazón, poner nuevos deseos y cambiar tu manera de pensar (Romanos 12:1-2).

Activar. Determinar áreas, personas o momentos de tu día en los que sea posible poner en práctica lo que estás aprendiendo en la semana, y orar por ellos (pedir Su ayuda a Dios antes de enfrentarte solo a tus momentos de lucha). Será un tiempo para meditar y considerar lo nuevo que aprendiste para que busques responder de acuerdo con la nueva naturaleza que proporciona Dios: la de Cristo en ti. Cada semana deberás registrar una lista de siete acciones en las cuales ejercitaste lo que aprendiste.

¿Estás listo y comprometido con Dios para empezar a dejar a Cristo ser el Señor y el Salvador de tu vida? Si quieres dar pasos cada vez más comprometidos en esa dirección, es hora de ver cómo *Cristo es mejor*.

1

Diseño, creación y caída

Todo aquello sin diseño está desordenado.

———— ∎ ————

Lee Génesis 1 antes de comenzar.

> *Y la tierra estaba desordenada y vacía.*
> (Génesis 1:2a, RVR1960)

> *… para gloria mía los he creado, los formé y los hice.*
> (Isaías 43:7, RVR1960)

Con los avances de la tecnología, que también han cambiado los hábitos de lectura, es probable que seas de las personas que consultarán este libro en un dispositivo móvil. ¿Sabes por qué nos gustan tanto esos aparatos? Porque están diseñados para responder al instante a cualquier instrucción. ¿A quién no le agrada que le respondan de inmediato?

Si posees un teléfono celular (espero que no lo tengas con batería en rojo al 20 %) y está conectado a la red, por supuesto esperas que al colocar tu dedo sobre el botón de cierta aplicación, esta se abra y funcione sin problemas; o que al ir a la cámara se vea en la pantalla con nitidez todo lo que quieres fotografiar; o que si lo tienes en modo avión o en silencio no te moleste con llamadas o sonidos, puesto que le diste una instrucción y esperas que se *comporte* de manera «inteligente» (por algo les llaman *smartphone*) y ejecute o no ciertas acciones. Los dispositivos móviles están diseñados para responder en un instante a las instrucciones que ordenan los usuarios con el tacto o con la voz (hay algunos que se conectan al ver tu rostro o responden con ciertos guiños). Si algo se le solicita hacer al dispositivo y no lo lleva a cabo, realiza otra cosa, o lo despliega con cierta lentitud, sin duda aprietas los dientes y expresas con preocupación: «Mmm… *algo no está bien*»… ¿Cierto?

¿Te has sentido así? Hay momentos en la vida en que las cosas no suceden como las planeas o las deseas, como que las «*apps*» de tu existencia «no responden»; piensas que todo está congelado en ti, a tal grado que a la simple pregunta «¿Cómo estás?», tú solo respondes cortésmente: «Bien», pero por dentro sabes que no es así, y de verdad quisieras poder desahogarte y que alguien te escuchara y entendiera lo mal que te sientes y lo vacío que te percibes.

Sin embargo, tengo buenas noticias para ti, pues del mismo modo que tu dispositivo cuenta con un instructivo (que, como todos, seguramente no terminaste de leer o ya ni recuerdas dónde está) y un canal abierto para soporte técnico, Dios ha provisto para tu vida un manual de operación y un programa de apoyo (donde Él es el técnico central que atiende personalmente del otro lado de la línea) para que tu cotidianidad funcione conforme a la ingeniería y al diseño del desarrollador original, y que tu diario vivir transcurra respondiendo como debes hacerlo y, como consecuencia, realmente «te vaya bien» (Santiago 1:21-25).

Pero comencemos desde el principio. El primer libro de la Biblia se llama Génesis, que significa *origen*. Por irónico que parezca, estamos hablando del origen de todas las cosas, incluyéndote a ti. Nuestra vida tiene un origen y debemos regresar a buscar en el diseño original lo que Él determinó que fuera desde un principio. Por lo tanto, no es una mala idea que siempre releamos o recurramos a los manuales cuando algo no está funcionando, pues en el instructivo *provisto* por Dios podemos encontrar nuestros parámetros de operación que vienen de Su fábrica. Con seguridad podremos llegar a detectar que en algún momento de nuestra vida comenzamos a operar de forma equivocada.

De la palabra *origen* proviene el vocablo *original*. Abordemos esto con un ejemplo muy común de nuestra cultura.

¿Qué es lo opuesto al original?
La piratería.

Por desgracia, muchas regiones como Latinoamérica están familiarizadas con la piratería entendida como la falsificación y venta de un producto como si fuera el original. Yo recuerdo haber visto en algún lugar tenis «Mike» en lugar de Nike, ropa «Abibas» en lugar de Adidas, desodorantes Roxana en vez de Rexona. Si eres o creciste en un país hispano sabrás de lo que estoy hablando. La piratería tiene su mayor nicho entre quienes como yo (en varias ocasiones) alguna vez hemos pasado temporadas sin muchos recursos financieros. Esa escasez quizás nos llevó a ceder y comprar lo que «se parece al original», pero no lo es y, por lo tanto, es mucho más barato por justificadas razones que el producto auténtico. Pero el momento de la realidad llega

cuando nos damos cuenta de que la calidad, la durabi-
lidad y las funciones no son las mismas de un original.
Con el tiempo (muy poco, en la mayoría de los casos)
resulta evidente que aquello era solo una imitación. No
funcionaba igual, se veía raro, era de mala calidad o
«chafa», como decimos los mexicanos.

¿Te resultan conocidas esas circunstancias? Ya sabes por dónde voy, ¿verdad? Si tu existencia o sus áreas
fundamentales no están operando de acuerdo con el
diseño original de Dios, es muy probable que se deba a
que tienes una vida pirata. Debo contarte cómo llegué
a esta conclusión en mi propia vida; quizá te sirva para
entender por qué es tan importante y útil *saber acerca de
nuestro origen, nuestro diseño y nuestro propósito original*.

Tenía unos diez años cuando conocí el evangelio de
Cristo; sin embargo, crecí con el argumento común
de que yo «no era una mala persona». En mi opinión,
los más grandes pecados consistían en sacar *acordeo-
nes* en ciertos exámenes, alguna vez haber hojeado una
revista para adultos en casa de un amigo, o a lo mejor
ver ciertos contenidos inapropiados para mi edad en
televisión o en Internet (sí, yo crecí cuando ya había
Internet en el mundo, por si acaso estabas haciendo
cuentas). Pero, repito, no era mala persona; había peores
que yo.

El Señor tenía previsto en su plan para mi vida que de los diecisiete a los veintidós años me alejaría de la Iglesia y me entregaría sin límite a un estilo de vida en el que ahora «sí ya era una mala persona». Comencé a vivir guiado por *mi* propia concepción de la vida, por *mis* deseos, conforme a *mis* planes, ensalzando *mis* capacidades, buscando *mis* gustos y en pos de *mis* anhelos. De acuerdo con un plan maestro original, Dios me concedió el privilegio de prosperar en ciertos niveles, para después comprobar que Él tenía razón cuando dice:

Antes del quebrantamiento es la soberbia, y antes de la caída, la altivez de espíritu.

(Proverbios 16:18, RVR1960)

Entonces llegaron las vacas flacas y luego la bancarrota, con mayor incidencia en las áreas que yo creía que mantenía bajo control, en las que sentía que no necesitaba nada ni a nadie. Pero es ahí donde Dios me mostró la realidad de la vida pirata que llevaba en la que buscaba una descontrolada satisfacción. Él sí podía verme así, yo no; estaba cegado ante mi propia vida. El último libro de la Biblia lleva por nombre Apocalipsis, entre cuyos capítulos leemos una descripción muy gráfica de cómo me hallaba en ese momento:

Tú dices: «Soy rico, tengo todo lo que quiero, ¡no necesito nada!». Y no te das cuenta de que eres un infeliz y un miserable; eres pobre, ciego y estás desnudo.
(3:17, NTV, énfasis añadido)

¿Has visto los empaques de los productos piratas? ¿Cómo se aprecia la calidad de imagen de una película apócrifa? ¿Cómo se nota a fin de cuentas que lo que compramos resulta ser una burda imitación? Bueno, pues así terminé: miserable e infeliz, con una depresión suicida que me empujó a tener que reconocer una verdad que me afectó mucho y aún lo hace:

«Hay un Dios, y no soy yo».

Sí, suena muy obvio, pero la realidad es que yo era el «dios» de mi vida. Por fuera parecía que profesaba devoción a Dios, o hablaba muy seguro de la Iglesia a la que asistía (cuando acudía, ya que era todo menos un congregante regular). Pero en términos reales y palpables *yo vivía para mí*, para agradarme a *mí*, para *mi* gloria y *mi* deleite, de acuerdo con *mis* planes. Hasta que una noche no pude más y me rendí ante Aquel a quien pertenece todo (incluso estaba enojado con Él por la forma en que se suscitaban las cosas). Aquella noche de implacable certeza y lucidez mi vida tocó fondo y *supliqué por un nuevo corazón*, y Dios tuvo misericordia. Le dije: «Señor, si de algo te sirve el chiquero que es mi vida, úsala para lo que quieras. Ya me cansé de estar en el volante; me rindo, me entrego». Y Dios me tomó la palabra. Esa noche empezó un proceso que me llevó a reconocer lo que Job llegó a decir luego de su encuentro con el Señor registra:

> *Lo que antes sabía de ti*
> *era lo que me habían contado,*
> *pero ahora mis ojos te han visto,*
> *y he llegado a conocerte.*
> (Job 42:5, TLA)

Como lo he contado, por supuesto tenía referencias de Dios, pero hasta ese momento dejó de ser una deidad filosófica o moral y se volvió mi Salvador y mi Rey. Entonces cambió todo. Con esa experiencia, que también se acrecienta con los años, ahora puedo responder al argumento de quienes dicen que han «intentado» convertirse al cristianismo, pero no les funcionó a ellos.

Mi respuesta es:

Cristo no es algo que intentas, es el Salvador y el Rey al que te rindes.

En mi humillación me di cuenta de que estaba enojado con Dios y que aún le reprochaba algo de lo que no era responsable. De hecho, estaba reclamándole las garantías de una vida que Él no había diseñado así originalmente. Sentí como si hubiera ido a la «fayuca»,[1] o al lugar donde se vende piratería, y hubiera comprado algo que al llegar a casa no funcionó, para después acudir al centro comercial o a la tienda por departamentos a hacer «valer la garantía» con todo y berrinche, quejándome de la mala calidad de un producto inservible. El empleado me escucha y luego, de manera gentil, me exige el comprobante de compra, para luego decir con toda justicia: *Señor, usted no compró esto aquí. De haberlo hecho, con todo gusto haríamos válida la garantía, pero lo que usted tiene es piratería.*

Así reclamamos a Dios los defectos de nuestra vida pirata. Sí, en algún momento *tuve una vida pirata.* Y no funcionaba. Pensé que se trataba de dos o tres áreas en desorden, pero Dios comenzaría el proceso de mostrarme que eso apenas era la punta del *iceberg.* Estaba por

---

[1] Mercancía que no ha pagado impuestos; es decir, contrabando.

empezar un nuevo camino de regreso al origen, en el que me daría cuenta de cuánto *necesitaba no un «arreglo» o un* reset, *sino que Dios me hiciera nuevo. Volver al diseño original.*

Algo nuevo, sí, eso es lo que Dios hace cuando nos entregamos a Él, cuando reconocemos nuestra incapacidad y nuestras fallas; cuando somos sinceros y reconocemos el menosprecio que durante toda una vida hemos tenido hacia Su persona y Su señorío. Cuando nos arrepentimos y nos entregamos totalmente a Él, a Su misericordia, entonces la gracia de su perdón nos hace *nacer de nuevo.* De este modo lo señala el siguiente extracto bíblico:

Ahora que estamos unidos a Cristo, somos una nueva creación. *Dios ya no tiene en cuenta nuestra antigua manera de vivir, sino que* nos ha hecho comenzar una vida nueva. *Y todo esto viene de Dios.* Antes éramos sus enemigos, pero ahora, por medio de Cristo, hemos llegado a ser sus amigos, *y nos ha encargado que anunciemos a todo el mundo esta buena noticia: Por medio de Cristo, Dios perdona los pecados y hace las paces con todos. Cristo nos envió para que hablemos de parte suya, y Dios mismo les ruega a ustedes que escuchen nuestro mensaje. Por eso, de parte de Cristo les pedimos: hagan las paces con Dios.* Cristo nunca pecó. Pero Dios lo trató como si hubiera pecado, para declararnos inocentes por medio de Cristo.

(2 Corintios 5:17-21, TLA)

Regresar al diseño original es poner nuestra vida en Cristo; solo de esa manera *seremos una nueva creación.* ¡Esto lo cambia todo! Estar en el diseño original es ir en pos del Creador y creer que somos una *hechura* de Sus manos, por lo que podemos y tenemos la capacidad en Él de vivir para lo que fuimos creados. «*Porque en Él vivimos, y nos movemos, y somos…*» (Hechos 175:28, RVR1960).

¿Recuerdas lo que significa Génesis? Vayamos de vuelta al origen. Este libro escrito por Moisés, dice:

> *Y la tierra estaba desordenada y vacía, y las tinieblas estaban sobre la faz del abismo, y el Espíritu de Dios se movía sobre la faz de las aguas. Y dijo Dios: Sea la luz; y fue la luz.*
> (Génesis 1:2, 3, RVR1960)

La tierra *desordenada* y *vacía* (*tohu bohu*),[2] ¿te suena esto? ¿Acaso por momentos tu vida parece «desordenada y

---

[2] *Tohu bohu,* dos palabras hebreas que aparecen en Génesis y que se tradujeron como «desordenada y vacía», las cuales, sin mayores profundidades, simplemente quieren decir «sin ningún orden ni acabado formal».

vacía»? Acuérdate de aquellos tiempos de adolescencia y de juventud, con el cuarto «desordenado» y «vacío», sin forma; un lugar donde no se encuentran las cosas, sobre todo las más importantes, en el que a veces tampoco es posible moverse ni descansar como se debe, y que en muchas ocasiones también huele mal. Lo anterior es una analogía de las condiciones en que actualmente se hallan muchas vidas: desordenadas y vacías. La Biblia Nueva Versión Internacional traduce *tohu bohu* como *caos total*. Para muchas personas ambos vocablos funcionan como adjetivos (cómo se ven) y como adverbios (el modo en que están). Describen a la perfección cómo viven muchas vidas hoy.

Vacío, por otro lado, significa también «ruina». Existen las que se han denominado «ciudades fantasma», porque allí alguna vez hubo actividad, pero por diferentes razones cayeron en la ruina y hoy se hallan vacías. Me encanta que desde Génesis 1 aparezca algo de lo que tú y yo podemos aprender. Este capítulo es uno de los que más uso al iniciar el proceso de consejería. Disfruto mucho ver cómo los ojos de mis receptores comunican el asombro cuando se percatan de que la Biblia hoy tiene algo que decir acerca de su situación.

Pero ahí no para todo. La Biblia registra que el Espíritu de Dios Creador se movía, ¿y sabes?, hoy se sigue moviendo y no se detiene. ¿Sabes por qué? Leamos el texto:

Y dijo Dios: Sea la luz; y fue la luz.
(Génesis 1:3, RVR1960, énfasis añadido)

Te pregunto: ¿cuál es la diferencia entre un entorno desordenado y vacío, en ruina, y uno con luz donde comienza a haber orden? La respuesta obvia sería: «Dios»... Pero no; escarbemos un poco más y hallaremos la respuesta correcta.

Dios dice y la creación responde.

La creación está diseñada para «responder» a Su Creador. Y cuando Él habla y la creación responde, surge una dialéctica cuya narrativa nos enseña verdades que son fundamentales de aprender desde el principio. A partir de este versículo, Dios empieza a hablar y a dar instrucciones, y la creación comienza a responder. ¿Lo notaste? Hay algo en esta lectura, ¿no es así? Las palabras que más se repiten son:

- *Dijo Dios*
- *Y fue así*

- *E hizo*
- *Formó Dios*
- *Y vio Dios que era bueno*

Esta es la lógica de la fórmula:

Dios dice → es así → y todo termina siendo bueno.

¿Recuerdas la cuestión inicial?: «¿Sabemos algo del diseño original de Dios en nuestra vida?». La realidad vivencial dicta que no, porque si fuera lo contrario viviríamos en la dialéctica o en el diálogo de acción obediente que se da en Génesis y que crea lo nuevo, transforma, pone orden, da vida… Y lo que sucede en la creación es *bueno* para Dios. ¿Te vas ubicando en el problema real? De verdad no tenemos idea de lo que dice Dios, o si lo sabemos no respondemos como debiéramos hacerlo. He hablado con muchas personas que afirman y hasta alardean de que conocen a Dios, incluso de que leen la Biblia, pero cuando entran en crisis y me toca charlar con ellas, al preguntarles qué les ha dicho el Señor no tienen una respuesta bíblica o arguyen frases como las siguientes:

- «Dios dice: "Ayúdate que yo te ayudaré"».
- «A Dios orando, pero con el mazo dando».
- «Ora como si todo dependiera de Dios y actúa como si todo dependiera de ti».
- «Dios dice que hay que ser manso, pero no menso».

¡Pero ni Dios ni la Biblia expresan nada de eso! Esas respuestas provienen del libro de los «Soberbios», y quizás en ese «libro» se mencionen esas afirmaciones. Ni el verdadero libro de Proverbios del Antiguo Testamento ni el resto de la Biblia registraron a Dios difundiendo esas ideas. Por otro lado —y esto es peor aún—, Dios *nos* ha hablado, conocemos lo que dice Su Palabra, pero *nos hemos mostrado rebeldes y negligentes, y las consecuencias de eso alcanzan nuestra vida.* Sin embargo, aun ahí Dios tiene algo que decir. Si retomamos los principios de Su diseño, desde el origen, verás que tú y yo aparecemos en esa historia:

> *Entonces dijo Dios: Hagamos al hombre* a nuestra imagen, *conforme* a nuestra semejanza; *y señoree en los peces del mar, en las aves de los cielos, en las bestias, en toda la tierra, y en todo animal que se arrastra sobre la tierra. Y* creó Dios al hombre *a su imagen,* a imagen de Dios lo creó; *varón y hembra los creó.* (Génesis 1:26, 27, RVR1960, énfasis añadido)

Con un marcador o con una pluma de tinta roja encierra en un círculo o subraya, procurando que se noten las palabras *imagen* y *semejanza*, porque estas detallan la verdadera esencia, la base y el tono del diseño y el propósito original de nuestra creación. Pasemos a definir mejor estos dos términos para entenderlos a cabalidad.

Podemos entender la *Imagen* como «hacer sombra». Piensa en Peter Pan: resultaba extraño que su sombra no hiciera lo mismo que él. Es anormal que una persona se mueva y que la sombra que proyecta no la siga. Bueno, ahora piensa en el ser humano como creación de Dios: Él dice, pero nosotros no nos movemos de acuerdo con Su dicho. Dios nos creó, pero nos desenvolvemos como si nosotros mismos nos hubiéramos creado, apartados de Su presencia. Dios ha hablado y Su *creación* —nosotros— no lo sigue, pues adora y solo atiende su propia sombra (Romanos 1). Por lo tanto, hoy tenemos:

- Personas adictas a lo creado en búsqueda de lo que solo se encuentra en el Creador.
- Mujeres insatisfechas sin importar la circunstancia.
- Hombres cautivos persiguiendo éxito y deleite en cosas que no permanecen (empresas, videojuegos, entretenimiento, deporte, etcétera).

- Matrimonios infieles en lugar de consistentes.
- Mujeres y hombres solteros buscando en relaciones disfuncionales lo que solo una relación con Dios les puede dar.
- Iglesias que prefieren enseñar paliativos que hacen sentir mejor a las personas, en lugar de la Palabra verdadera del evangelio de Cristo que aporta libertad y gozo para siempre (aunque en principio les moleste).

El término *semejanza* se puede entender como *parecido*, *conforme al modelo o a la forma*; algo así como «figura representativa».

¿Recuerdas aquellos muñecos de luchadores que tomabas de la cabeza o del cuerpo y los girabas y los aventabas unos contra otros para que sus brazos extendidos y sus manos «lucharan» entre sí? No se trataba de luchadores reales, pues no poseían las dimensiones de los verdaderos, ni mucho menos peleaban como ellos. Simplemente eran las figuras representativas (un auténtico y tradicional juguete mexicano) de un luchador que existía en la vida real.

Nuestra vida fue diseñada para ser la figura representativa del Dios Creador bueno, poderoso, justo, paciente, perdonador, y una larga lista de atributos y virtudes. Por lo tanto, cuando las personas vean cómo se vive una vida «rescatada» y se pregunten por qué los que estamos bajo esa realidad somos así, ellas puedan responderse: *Porque su Dios es así*. Quizás el testimonio evangélico más efectivo para los que no son creyentes sea nuestra forma de vida en Cristo, una vida rescatada por Él, transformada por Él, bien vivida gracias a Él. La vida cristiana y el evangelio son más que argumentos: es rendición absoluta a Dios. No hay forma más efectiva de comunicar a otros que *Cristo es mejor*, que con una vida que se vive como Cristo. ¿No es esto acaso para lo que existimos? Pedro nos lo recuerda:

> *Tropiezan porque no obedecen la Palabra de Dios y por eso se enfrentan con el destino que les fue preparado. Pero ustedes no son así porque son un pueblo elegido.* Son sacerdotes [representantes] del Rey, *una nación santa*, posesión exclusiva de Dios. *Por eso* pueden mostrar a otros la bondad de Dios, *pues Él los ha llamado a salir de la oscuridad y entrar en su luz maravillosa.*
>
> (1 Pedro 2:8b, 9, NTV)

Dios nos creó para Su gloria (Isaías 43:7). Cristo se hizo carne y habitó entre nosotros (como nosotros en la carne) para mostrarnos a Dios. Los creyentes en Cristo, por lo tanto, deben evidenciar la gloria de Dios con el vivir de sus vidas y mostrando Su bondad a otros. Pero existe un problema, el cual tú y yo conocemos bien, aunque hablaremos de él en el siguiente capítulo. Por lo pronto, hasta aquí quiero dejar claro algo:

Fuimos creados por Dios con un propósito, conforme a un diseño Suyo.

Si la vida no se vive según los parámetros de ese diseño, la catástrofe es inminente. Estoy seguro de que tú mismo has visto historias que han terminado muy mal por no responder a Dios cuando Él habló. Jesucristo, el Hijo de Dios —Dios hecho carne—, ha puesto delante una instrucción que se convierte en una hermosa promesa y, para muchos, una consecuencia real. Él dice:

Cualquiera, pues, que me oye estas palabras, y las hace, le compararé a un hombre prudente, que edificó su casa sobre la roca. Descendió lluvia, y vinieron ríos, y soplaron vientos, y golpearon contra aquella casa; y no cayó, porque estaba fundada sobre la roca. Pero cualquiera que me oye estas palabras y no las hace, le compararé a un hombre insensato, que edificó su casa sobre la arena; y descendió lluvia, y vinieron ríos, y soplaron vientos, y dieron con ímpetu contra aquella casa; y cayó, y fue grande su ruina.

(Mateo 7:24-27, RVR1960)

Antes de terminar, te invito a realizar el primer ejercicio con esta Palabra de Dios. Yo lo uso para ayudar a las personas a tener claro el mapa que guía el proceso, partiendo de la realidad que enfrentan hoy, pero que al final le dan la razón a Cristo.

Lee tres veces Mateo 7:24-27; luego escribe las tres diferencias y las tres similitudes entre el escenario del hombre prudente y el escenario del hombre insensato. Ambos personajes del relato sin duda nos aportan una comparación natural. Compártela con tu consejero o pastor.

TÁCTICA 1

Desde ahora usa tus dispositivos electrónicos inteligentes con el fin de programar alarmas de recordatorio para realizar estas tácticas que encontrarás en todos los capítulos. Vamos a cambiar eso de «Sí me acuerdo», porque no sucede así.

Tema. Elabora un resumen de diez renglones de lo que más destacas o entendiste de este capítulo.

_____

_____

_____

_____

_____

_____

_____

_____

_____

_____

Atesorar. Memoriza y escribe la porción bíblica de esta semana: Génesis 1:1-3.

_____

_____

_____

_____

_____

_____

_____

_____

CORREGIR. ¿Con qué pensamiento opuesto a la verdad de Génesis 1:1-3 te enfrentas hoy? Escríbelo y léelo en voz alta.

_____

_____

_____

_____

_____

TRANSCRIBIR. Con tus propias palabras escribe la porción bíblica de esta semana como si fueras a mandarla a alguien que nunca ha leído la Biblia y quieres que entienda esa verdad de manera más sencilla. Léela en voz alta tres veces y después envíasela a tu consejero o pastor (ellos saben de «paráfrasis»).

_____

_____

_____

_____

_____

INTEGRAR. ¿Cómo sería tu vida si Génesis 1:1-3 fuera una verdad que crees y practicas? Escribe tres cosas muy específicas que verías transformadas si tan solo creyeras y vivieras la verdad de Dios del diseño original. Lee y medita también en Santiago 1:22-25.

_____

_____

_____

Confiar. Programa siete sesiones diarias por cada día de la semana, en las que leerás y meditarás en la transcripción que elaboraste, así como en las decisiones y las acciones que reflexionaste y escribiste en los pasos anteriores (¿notas la importancia de hacer registros y promesas de vida por escrito?); luego comienza a que tu mente quede cautiva con lo que Dios dice. Percibirás un gran cambio sobre lo que antes creías, eras o deseabas. Ahora tu corazón comienza sus primeros latidos hacia un cambio, a ser un nuevo corazón, con nuevos deseos; ¡es la evidencia de que tu vida está retornando al diseño original de Dios! (Romanos 12:1-2).

Activar. Determina las áreas, las personas y los momentos de tu día en los que sea posible poner en práctica lo que vas aprendiendo. Ora, siempre pide ayuda a Dios antes de enfrentarte por ti mismo a los cambios propuestos cada semana. Medita y considera lo que aprendes en cada capítulo; estos son principios que te ayudarán y te fortalecerán en tu andar de regreso al diseño original, a caminar bien con la nueva naturaleza que proporciona Dios: Cristo en ti. Registra siete acciones en las que ejercitaste estas verdades durante la semana. Asimismo, lee y medita una vez más sobre Mateo 7:24-27, y encuentra las tres diferencias y las tres similitudes que existen entre los personajes mencionados en el relato. Envía tus anotaciones a tu consejero o pastor.

Aunque se trata de la semana 1, antes de continuar debo preguntarte: ¿ya has reconocido a Jesucristo como Señor y Salvador? ¿Ya te has arrepentido de tus pecados y has aceptado el evangelio de la salvación de Dios en Cristo? ¿Vives ya «construyendo sobre la roca»? ¿Hay evidencias de que tienes una relación activa con Dios de escuchar y hacer? O, por el contrario, ¿es la ruina moral y espiritual la característica de tu vida? Habla con tu pastor o consejero antes de seguir adelante.

ORAR

Permíteme ayudarte a poner en palabras de oración los cambios que necesitas hacer en tu vida. Orar significa hablar con Dios y pedirle que Él sea una realidad de salvación y un nuevo propósito en tu vida.

Dios, hoy reconozco que tengo una vida pirata, una existencia que te da la razón por el desorden y la ruina o el vacío en que se halla. Por fin entiendo que se debe a que no respondía a tu Palabra. Por favor, perdóname. Hoy me rindo, Señor; necesito que hagas en mí lo que yo no puedo hacer. Dame un corazón que te desee, que te busque en tu Palabra, y que sea dócil contigo. Y si mi vida te sirve de algo, Dios, úsala para que, salvada, sanada, transformada y conectada a ti, pueda mostrar a otros tu bondad. Porque hoy sé que me has llamado a salir de la oscuridad y a entrar en tu maravilloso reino de luz, verdad, amor y esperanza. Sálvame, Señor, te lo ruego, en el nombre de quien desde ahora es mi Rey y Salvador Jesucristo, amén.

Descansa tu alma si te has rendido a Cristo como Salvador y Señor.

Tu pasado fue redimido,
tu presente tiene sentido y propósito,
ahora tu futuro está asegurado.

APLICACIÓN MILLA EXTRA (AME) PARA EL PROCESO DE CONSEJERÍA

Esta semana asiste a una iglesia local y toma nota de tres cosas que Dios te haya mostrado durante la reunión; registra algo que hayas puesto en práctica. Envíalo a tu consejero o pastor.

2

El problema y la única solución

Nos equivocamos cuando solo queremos cambiar los síntomas,
sin considerar la fuente del problema.

———— ▬ ————

Lee Génesis 2 y 3 antes de comenzar.

> *… Puedes comer libremente del fruto de cualquier árbol del*
> *huerto, excepto del árbol del conocimiento del bien y del mal.*
> *Si comes de su fruto, sin duda morirás.*
> (Génesis 2:16, 17, NTV)

> *—¡No morirán! —respondió la serpiente…*
> (Génesis 3:4, NTV).

> *… y de pronto sintieron vergüenza…*
> (Génesis 3:7b, NTV)

… Dios llamó al hombre: ¿Dónde estás?
(Génesis 3:9, NTV)

¿Dónde estás?, le preguntó Dios al hombre. No porque se le hubiera perdido, sino para ayudarlo a «ubicarse».

Hoy contamos en nuestros dispositivos con muchas *apps* de mapas y localización, que te ubican y te ayudan a llegar a tu destino. Pero antes no existía esa tecnología, y si ibas por primera vez a la casa de un amigo, en una zona que no conocías, lo más común era que te detuvieras para llamarle y decirle: *¡Estoy perdido!* Luego él te preguntaba: *¿Dónde estás?*, y tú le dabas detalles de lo que veías a tu alrededor que le servían de referencia para localizarte. Si era buen amigo, te pedía: *Quédate ahí, ahora voy por ti.* Entonces te alcanzaba con su auto. ¿Recuerdas lo que te decía? **Sígueme.** Después llegaban juntos a su domicilio.

Dios hizo algo parecido con Adán en el huerto del Edén, y lo sigue haciendo con nosotros en la actualidad. Nuestro Señor es el *Consejero* por excelencia (Isaías 9:6), y muchas veces su manera de tratarnos consiste en plantearnos preguntas. Esto es algo que me asombra. Dios pudo haberse revelado ante Adán y Eva en el huerto a sus espaldas, y hasta asustarlos, o desaparecer el árbol detrás del cual se ocultaban; pudo manifestarse en el momento en que comieron el fruto y provocar que se sintieran humillados. Pero no lo hizo. Lo que sí hizo fue dejarnos un modelo de Su gracia al tratar con el pecador. Su maestría en ese asunto es palpable cuando lo primero que determina hacer es preguntar: *¿Dónde estás?*

Dios no desperdicia preguntas ni mucho menos las formula con necedad. Considero que en todo el Antiguo Testamento no existe una pregunta más específica y perfectamente diseñada para ayudar al hombre a dar con su *verdadero problema:*

¿Dónde estás?

Esta es una interrogante para la que Adán bien tendría una respuesta. Algo como: *¡Exacto!, ¿qué hago escondiéndome de Dios? Él ha sido tan bueno conmigo; no solo me creó, sino que me puso en este lugar espectacular y me dio una mujer como compañera. Ciertamente me equivoqué. Iré con Él y le pediré perdón. En ningún momento me ha dado una razón para creer que no me ama. Yo me equivoqué; apelaré a Su bondad y me someteré a lo que determine.* Pero no fue así. Adán empezó a mostrar los *síntomas de un corazón que no está bien,* cuya característica radica en que la relación con Dios ya no concuerda con el diseño original.

Durante esta semana estudiaremos con detalle varias acciones que experimentamos por primera vez *por causa del pecado*. Pero antes debemos definirlo.

Pecado: cuando la flecha no pega en el blanco.

La palabra *pecado*, entre otras cosas, conlleva la idea de una ofensa. Es irónico que el equivalente en griego de ese vocablo sea *anomia*, que se traduce como *desorden*, en el sentido del rechazo a una instrucción o a la voluntad de Dios. En el ámbito deportivo se explica como falla o error. Por ejemplo, en el tiro con arco se supone que la flecha tendría que «dar en el blanco» o cerca (siempre y cuando se sigan los principios que rigen la arquería). Si el tirador lanza la flecha y esta se clava en un árbol o se estrella contra una piedra, pero nunca da en la diana (ese objetivo con círculos de colores colocado a cierta distancia en las competencias), es una falla, no dio en el blanco, es un pecado.

Como estudiamos en el capítulo 1, *tu vida y la mía están diseñadas para representar a Dios* como fruto de una relación viva y activa con nuestro Creador. *Esto es «dar en el blanco» en la existencia del hombre.* Adán y Eva fallaron de manera dramática y prefirieron darle la razón a una serpiente y a su propia percepción o a su propio deseo, contraviniendo la instrucción del buen Dios y Creador que había provisto prácticamente todo para su disfrute mutuo. En el momento en que el hombre le cree más a la serpiente o a su propio entendimiento que a Dios, *las acciones que siguen solo evidencian lo que ya se decidió en el corazón*. En consejería solemos decir:

> **Hacemos lo que hacemos, porque amamos lo que amamos.**

Nadie le puso una pistola en la sien a Adán (obvio, pues entonces no existían) para que comiera del fruto que Dios prohibió. Y nadie chantajeó a Eva para obligarla a tomar una decisión. La historia de Génesis 3 arroja muchas verdades a nivel de vida personal, matrimonial y familiar, pero en este capítulo nos enfocaremos en los síntomas que presenta un corazón que no camina bien delante de Dios. Recuerda que en el principio todo «era bueno». Repasemos la fórmula:

> **Dios dice → es así → y todo termina siendo bueno.**

En el relato de Génesis 3 no se ve al hombre meditando, mencionando o considerando lo que dijo Dios, solo cediendo a una indicación «opuesta» a lo que dispuso el Señor, una instrucción que era buena:

> … *Puedes comer libremente del fruto de cualquier árbol del huerto, excepto del árbol del conocimiento del bien y del mal. Si comes de su fruto, sin duda morirás.*
>
> (Génesis 2:16, 17, NTV)

Podemos notar muy bien la bondad de Dios al señalarle a Su criatura algo como: *Mira, hice todo esto para que lo gocemos; disfrútalo por completo. Solo evita ese árbol, porque si comes su fruto, morirás.*

Hoy, a la distancia, pienso en Adán y no puedo evitar recriminarle: *¡Cómo lo echaste a perder! Si yo hubiera sido tú y hubiese recibido esa instrucción de Dios, amigo mío, habría colocado una cerca electrificada a ese árbol, con un dispositivo instalado de modo que cuando me acercara unos metros me diera una descarga, o habría puesto alrededor leones y animales salvajes de todo el huerto para que por ningún motivo dejaran que me acercara a ese árbol. Tenías todo para ser pleno y disfrutar a Dios para siempre, ¿por qué te expusiste al peligro?*

Veamos…

Si yo hubiera sido tú… —aunque la realidad es que no soy muy diferente a ti, Adán.

¿Sabes?, *no hay mucha diferencia entre Adán y yo.* Para vergüenza mía lo digo. Tampoco entre tú y él. Dios nos ha dado a ti y a mí una oportunidad igual a la que le confirió a Adán. Me gusta meditar sobre esto en la ley que Dios estableció para su pueblo:

Hoy te doy a elegir *entre la vida y la muerte, entre el bien y el mal.* Hoy te ordeno que ames al Señor tu Dios, *que andes en sus caminos, y que cumplas sus mandamientos, preceptos y leyes. Así vivirás* […]

Pero, si tu corazón se rebela y no obedeces, *sino que te desvías para adorar y servir a otros dioses, te advierto hoy que serás destruido sin remedio* […]

Hoy pongo al cielo y a la tierra por testigos contra ti, de que te he dado a elegir entre la vida y la muerte, entre la bendición y la maldición. Elige, pues, la vida, para que vivan tú y tus descendientes. Ama al Señor tu Dios, obedécelo y sé fiel a él, porque de él depende tu vida […] (Deuteronomio 30:15-20b, NVI)

El texto no podría ser más claro. Sé que la gente que presume de «conocer bien la Biblia» puede leer este extracto y decir: *Bueno, Kike, eso era para los hebreos en el*

Antiguo Testamento, pero hoy no es muy aplicable para nosotros. Si quieren forzar el argumento, ¡está bien! Pero qué tal si vamos a la instrucción que da Cristo directamente y corroboremos si se parece a la que se asienta en Deuteronomio.

Cristo sostiene una plática con un experto de la ley que deriva en un recordatorio de la instrucción dada en aquel libro del Pentateuco:

> *En esto se presentó un experto en la ley y, para poner a prueba a Jesús, le hizo esta pregunta:*
>
> *—Maestro, ¿qué debo hacer para heredar la vida eterna?*
>
> *Jesús replicó:*
>
> *—¿Qué está escrito en la ley? ¿Cómo la interpretas tú?*
>
> *Como respuesta el hombre citó:*
>
> *—«Ama al Señor tu Dios con todo tu corazón, con todo tu ser, con todas tus fuerzas y con toda tu mente», y: «Ama a tu prójimo como a ti mismo».*
>
> *—Bien contestado —le dijo Jesús—.* Haz eso y vivirás.
> (Lucas 10:25-28, NVI)

Nosotros tenemos la idea más clara que Adán. *Se trata de amar a Dios;* lo demás son síntomas de que estamos pecando y fallando en dar en el blanco. Al hacerlo ofendemos al Señor porque actuamos con menosprecio de lo que nos ha dicho respecto de cómo actuar conforme al diseño original. *Adán cedió ante todo lo contrario a lo que disponen las palabras de Dios y cayó en el error y en el engaño de considerar otra opinión y la suya como más importantes, verdaderas y válidas que la del Creador.*

Alguien puede afirmar que no sabe mucho de la Biblia; por lo tanto, lo que exprese esta no aplica en su persona porque no lo entiende. Bueno, Dios instaló una conciencia en nosotros que nos incomoda cuando hacemos, pensamos o deseamos algo que en el fondo sabemos que no es correcto (Romanos 2:14, 15). Conforme avances en estas semanas notarás que algo no está bien. Cuando nos hallamos confrontados frente a la verdad establecida desde el diseño original de Dios sabemos que *no somos inocentes*. Eso nos conecta de nuevo con el contenido de la historia de Génesis 3, pues en el proceder de Adán identificamos muchas actitudes que probablemente se parecen a las nuestras. Pero hay esperanza: con lo que aprendemos en Génesis podemos enfocarnos en la infección y no solo en los síntomas. Si padeces un cáncer de garganta y acudes al médico y él solo te receta unas pastillas con propóleos y miel, quizás te refresquen o, en el mejor de los casos, reduzcan tu molestia. Pero igual vas a morir. Las pastillas no resuelven el problema de raíz. Del mismo modo, inconscientemente, muchos buscamos medicamentos paliativos que nos hagan sentir «mejor», pero el mal sigue arraigado en nosotros.

El relato de Génesis 3 aporta ejemplos muy puntuales de los síntomas de un corazón que está mal o muerto espiritualmente (separado de Dios):

- Considerar y hasta platicar con la voz o con la percepción que es contraria a la instrucción de Dios (3:1-5).
- Ser guiado por lo que vemos, en lugar de hacerlo por lo que Dios ha dicho (3:6).
- La presencia de Dios, quien siendo el Creador y el diseñador de la comunión con el ser humano, se vuelve algo tan amenazante que hasta nos escondemos (3:8, 10).
- Dios nos busca y nos habla, pero nosotros no respondemos de acuerdo con Su bondad (3:9, 10).
- Ante una segunda oportunidad para confesar y arrepentirnos, *optamos por endilgar culpas a otros*. No asumimos nuestra responsabilidad o nos hacemos las víctimas (3:11, 12; 4:13, 14).
- Terminamos culpando a Dios por nuestras decisiones y por sus consecuencias (3:12).

Algunas frases expresadas comúnmente en consejería por las personas —creyentes o no— confirman lo que expusimos con anterioridad:

- «Es que si mi esposo(a) fuera _____, entonces yo _____». (Donde el responsable de la situación del matrimonio siempre es alguien más).
- «Como de niño me _____, por eso yo _____». (Lo que pasó en la infancia es la causa de ser _____).
- «Yo pensaba que Dios quería que tomara esa decisión, "todo" parecía estarse dando. (Ese parecer no necesariamente es evidencia de que la persona tenga una relación saludable con la Palabra de Dios. Es guiada por sus circunstancias o por corazonadas).
- «No me congrego porque "todos" los pastores o hermanos son iguales de _____». (Vinculan la desobediencia personal con las fallas de personas específicas, pues es mucho más fácil generalizar que asumir la responsabilidad).
- «Sentí en mi corazón que era lo correcto y terminé _____». (Todo mal resulta por dejarse guiar por la percepción, no por Dios).

Y seguimos actuando de la misma manera. Creo que has captado la idea, ¿verdad? El problema de Adán en Génesis 3 sigue siendo nuestro problema en la actualidad.

Dejamos a Dios, esa es la ofensa. Al grado de que aún no lo asimilamos en toda su magnitud. Menospreciamos al Señor, quien no ha hecho otra cosa más que mostrar Su bondad y Su favor en el diseño original. Pecar de esta manera implica que nos volvemos nuestro propio dios, con lo cual seguimos nuestro propio consejo y minimizamos el del verdadero Ser Divino. El resultado: crisis, despropósito, desesperanza, ruina, heridas propias o a otros a quienes supuestamente amamos. *Todo lo opuesto a lo que Dios diseñó para que experimentáramos con Él. Por lo tanto, el problema no son nuestras circunstancias, sino nuestro corazón,* que está concebido para amar a Dios, pero lo hemos ofrecido para amar a otras cosas o a otras personas más que al Creador. Eso es pecado; el resultado solo le da la razón. Tal como lo dijo David después de pecar y ser confrontado por el profeta Natán. ¿Recuerdas esa confrontación? Está registrada en 2 Samuel capítulo 12.

Al momento de la profecía sobre David transcurrieron meses desde que, siguiendo sus propios razonamientos y sus propios deseos —y luego sus fatales decisiones—, cometió un pecado muy vergonzoso. Johnny Hunt[1] señala al respecto:

«Todo hombre, sin importar lo piadoso que sea, está a una decisión de su acción más estúpida y vergonzosa».

Durante una tarde en la que debía estar en guerra empuñando su espada, David prefirió quedarse en el palacio, muy cómodamente, dejando de lado sus responsabilidades y cometiendo de ese modo el mismo pecado que Adán y Eva. Fue guiado por lo que vio y menospreció a Dios y Su consejo. Eso derivó en adulterio, en el asesinato de uno de sus guerreros más cercanos y en la vergüenza en contra de algunos involucrados, empezando por David, que no solo perdería a su primer hijo con Betsabé.

Antes de la profecía parecía que todo estaba en orden. Sin embargo, de un momento a otro Dios mandó al profeta Natán a visitar al rey David. Muy a Su estilo, el Señor no empezó culpando o atacando para avergonzar. No; con mucha clase usó a Natán como medio

---

[1] Johnny Hunt es pastor de Firts Baptist Church Woodstock en Woodstock, Georgia (johnnyhunt.com).

para hablarle a Su siervo David con el fin de generar en él la reacción correcta de un corazón acorde con el Suyo, a pesar de haber fallado. Natán narra una historia de la que no quiero que pierdas detalle, por la manera en que Dios previó que quedara registrada:

El Señor envió a Natán para que hablara con David. Cuando se presentó ante el rey, le dijo:

—Dos hombres vivían en un pueblo. El uno era rico, y el otro pobre. El rico tenía muchísimas ovejas y vacas; en cambio, el pobre no tenía más que una sola ovejita que él mismo había comprado y criado. La ovejita creció con él y con sus hijos: comía de su plato, bebía de su vaso y dormía en su regazo. Era para ese hombre como su propia hija.

Pero sucedió que un viajero llegó de visita a casa del hombre rico y, como este no quería matar ninguna de sus propias ovejas o vacas para darle de comer al huésped, le quitó al hombre pobre su única ovejita.

Tan grande fue el enojo de David contra aquel hombre, que le respondió a Natán:

—¡Tan cierto como que el Señor vive, que quien hizo esto merece la muerte!

(Es interesante que David supiera que ante una ofensa así la muerte era algo apropiado como sentencia. Pero estaba tan cegado por su enojo que no cayó en la cuenta de que él mismo había hecho algo mucho peor).

¿Cómo pudo hacer algo tan ruin? ¡Ahora pagará cuatro veces el valor de la oveja!

Entonces Natán le dijo a David:

—¡Tú eres ese hombre! *Así dice el* Señor, *Dios de Israel:* «*Yo te ungí como rey sobre Israel, y te libré del poder de Saúl. Te di el palacio de tu amo, y puse sus mujeres en tus brazos. También te permití gobernar a Israel y a Judá. Y por si esto hubiera sido poco, te habría dado mucho más*». *¿Por qué, entonces,* despreciaste la palabra del Señor *haciendo lo que le desagrada?*

(¡Guau! Dios no pregunta: «¿Por qué cometiste adulterio o por qué mandaste matar a tu amigo y siervo?», o «¿Quisiste ocultar tus acciones?». Él primero va al corazón, no al síntoma: «¿Por qué despreciaste o menospreciaste mi Palabra?»).

¡Asesinaste a Urías el hitita para apoderarte de su esposa! ¡Lo mataste con la espada de los amonitas! Por eso la espada jamás se apartará de tu familia, pues me despreciaste al tomar a la esposa de Urías el hitita para hacerla tu mujer.

(¿Ves? No es lo que hacemos, sino a quién amamos más).

Pues bien, así dice el Señor: «Yo haré que el desastre que mereces surja de tu propia familia, y ante tus propios ojos tomaré a tus mujeres y se las daré a otro, el cual se acostará con ellas en pleno día. Lo que tú hiciste a escondidas, yo lo haré a plena luz, a la vista de todo Israel».

—¡He pecado contra el Señor! —reconoció David *ante Natán.*

(2 Samuel 12:1-13a, NVI)

¡Qué impresionante narración! ¡Cuánto contenido en tan pequeña porción! Pero lo más asombroso es que de quien estamos hablando es del rey David, del *hombre conforme al corazón de Dios* (Hechos 13:22). Dios nos presenta esta parte de la Escritura para enseñarnos el modo en que debe responder un hombre «conforme a Su corazón» después de haber pecado y ser confrontado por sus errores. Es sorprendente lo que se logra al estilo verdaderamente amoroso de Dios. La sentencia es dura, pero el mismo David reconocía, por la historia de la ovejita, que el malvado merecía la muerte. Y Dios sentencia a David. Sin embargo, al escuchar el dictamen, cuán diferente es la respuesta de Adán al ser llamado a cuentas, o la de Caín (Génesis 4) cuando se le inquirió sobre su hermano. David bien pudo haber dicho algo como lo siguiente:

—Oye, Dios, tranquilo, no fue toda mi culpa, las cosas fueron así:

- Quién le manda a Betsabé a andarse bañando a plena luz del día, si sabe que de mi balcón la veo.
- Si Urías sabe como soy, para qué deja sola a su mujer.
- Entiende, Dios, soy hombre, tengo necesidades y pues en ese momento me gustó Betsabé. ¿Eso qué tiene de malo? Mira, desde niño fui muy rechazado y ni siquiera mi papá creía en mí, ¿te acuerdas?; por eso lidio con un problema de aceptación, y soy implacable cuando algo se me mete en la cabeza; lo tengo que hacer.
- Por último, Dios, Tú tienes la culpa; ¿para qué me pones como rey y permites que el palacio tenga un balcón que dé a la casa de mis siervos?
- Ya relájate, Dios; mira, ya borré mi «historial», me casé con Betsabé y ya nadie se acuerda de lo que hice.

¿Cuál es tu excusa favorita? ¿Puedes ver a David intentando usarla en ese momento? Sin embargo, Dios nos humilla y nos enseña cómo responde un hombre Suyo después de haber fallado y al llamarlo a cuentas. La Traducción en Lenguaje Actual (TLA) dice:

Reconozco que he pecado contra Dios, *y que he hecho lo que a él no le gusta.*

Y el profeta emisario de Dios, ante esa declaración, le contesta:

Sí, pero el Señor te ha perdonado, *y no morirás por este pecado. Sin embargo,* como has mostrado un total desprecio por el Señor con lo que hiciste, tu hijo morirá.
(2 Samuel 12:13b,14, ntv)

Dios es un Ser amoroso y paciente, pero también es justo, y lo que dijo se cumplirá. *La paga del pecado es muerte*, afirma en Romanos 6:23, y *esa sentencia necesita ejercerse.* ¡Hey!, no pierdas de vista al hijo que iba a morir en lugar de David por su pecado, porque este acontecimiento es clave y lo retomaremos al final del capítulo.

Volvamos a Dios.

¿Recuerdas cuál es una de las palabras que más se repetía en Génesis 1? Bueno, en el capítulo 2 se da la instrucción y la sentencia por no obedecerla (una forma de falta de confianza): la muerte.

Después, en el capítulo 3, entra a escena el pecado. Ahora haz una pausa para ir por tu Biblia y lee el capítulo 5 de Génesis.

(*Sonido de grillos*)

¡Qué haces aquí todavía! ¡Vamos por la Biblia y leamos Génesis 5! ¿Ya ves cómo hay todo un tema en nuestro corazón con eso de obedecer instrucciones?

¿Identificaste cuál es la palabra o el concepto que más se repite en Génesis 5?

«Y vivió _____, y después murió». Dios tenía razón. El mismo David, al componer su Salmo de arrepentimiento, le dice:

> *A ti, y* sólo a ti
> te he ofendido;
> *he hecho lo malo,*
> *en tu propia cara.*
> Tienes toda la razón
> al declararme culpable;
> *no puedo alegar*
> *que soy inocente.*
> (Salmos 51:4, TLA)

Parte del retorno a Dios involucra una conciencia que nos dicta:

Dios, Tú tienes razón, yo no.
Tú estás bien, yo soy el que está mal.

Precisamente esa introspección es síntoma de un corazón al que Dios está sanando, pues lo opuesto de un corazón enfermo y muerto es que no reconoce su responsabilidad y culpa a todo o a todos.

Cuando Dios se revela a nuestra vida y nos habla como Natán lo hizo a David sobre nuestra condición real, la única respuesta inteligente es un humilde y sincero *arrepentimiento*. En el Libro de los Hechos hay una promesa espectacular para quienes se arrepienten:

Por lo tanto, para que sean borrados sus pecados, arrepiéntanse y vuélvanse a Dios, *a fin de que vengan tiempos de descanso de parte del Señor, enviándoles el Mesías que ya había sido preparado para ustedes, el cual es Jesús.*
(Hechos 3:19, 20, NVI)

Qué curioso, porque en el libro de los Hechos descubrimos cómo se vinculan el arrepentimiento y la conversión para el perdón de los pecados al ser enviado

Jesucristo. Traigamos ahora a este punto al hijo de David que moriría en su lugar. El hecho teológico aquí es que necesitaba venir y morir por el pecado un mejor y más eterno Hijo. Amo cómo Dios lo proveería, del mismo modo que se proveyó el sacrificio para que Abraham no perdiera a su vástago (Génesis 22). Dios se iba a proveer un hijo, Su Hijo, que moriría por el pecado de David, por mi pecado y por el tuyo.

Jesús, el Hijo de Dios, el descendiente de David que habría de venir:

- Nacería en un pesebre (Lucas 2:7).
- En la ciudad de Belén de Judea, cumpliendo así lo dicho por Dios desde antes (Miqueas 5:2; Mateo 2:1).
- Crecería y viviría sin pecado, solo haciendo la voluntad del Padre (Juan 5:30; 2 Corintios 5:21).
- Sería entregado y juzgado como un criminal. Hasta un delincuente llamado Barrabás saldría libre para que Jesús se quedara a sufrir su condena. Con esto se ilustra en los Evangelios la forma en que Jesús hizo lo mismo: ponerse en nuestro lugar para pagar nuestra condena (Mateo 27:24-26).
- Sería avergonzado (producto del pecado, Génesis 2:25; Adán y Eva), deshecho y crucificado como el

más vil delincuente, porque era necesario que la sentencia se cumpliera, que el Hijo inocente diera su vida por los culpables, para que tú y yo no muramos, sino que vivamos para siempre con Dios.

Esta verdad debe calarnos muy profundo: tú y yo, *gracias al sacrificio de Cristo*, y depositando nuestra confianza en Su persona y en Su obra (vida, muerte y resurrección), tenemos la posibilidad de estar escribiendo y leyendo estas palabras con una *nueva esperanza*.

Dios es bueno, nos ama, nos creó para Él. Sin embargo, lo menospreciamos y no lo consideramos (Jeremías 30). Pero Él envió a Cristo a sufrir lo que nosotros merecíamos sufrir durante toda la eternidad. Pero cuando creamos en el perdón que Jesús obró como el Cordero obediente y sin pecado —esa es nuestra confianza plena en Su sacrificio lo que perdona nuestros pecados— podremos ser libres, *declarados inocentes y vivir una* vida nueva *(Romanos 6:4), una oportunidad de* nacer de nuevo *(Juan 3:3) que Dios ofrece hoy* para una raza humana pecadora a la que pertenecemos tú y yo.

Es momento de volver a Él, a Su comunión diseñada desde el origen eterno, y reconocer cuánto hemos pecado por no obedecer Sus instrucciones, por no dar en el blanco de Sus propósitos. Volvamos a Su verdad con un corazón arrepentido para poder recibir Su perdón y el *nuevo nacimiento*, la única forma por la cual estaremos salvados y pasaremos a la eternidad junto a Él. Eso forma parte del diseño original.

Sí, yo sé que podrías estar pensando: *¡Pero eso suena demasiado maravilloso!* En efecto, así es mi Dios, el Dios de la Biblia. Pedro lo expresa con mucha claridad:

> *Por eso pueden mostrar a otros* la bondad de Dios, *pues Él los ha llamado a salir de la oscuridad y entrar en su luz* maravillosa.
>
> (1 Pedro 2:9, NTV)

Ese es el maravilloso Dios que ofrece lo que nadie ha ofrecido y que solo Él puede hacer: redimirnos y ofrecernos una nueva identidad *en Cristo*.

> *Esto significa que todo* el que pertenece a Cristo se ha convertido en una persona nueva. *La vida antigua ha pasado,* ¡una nueva vida ha comenzado!
>
> *Y todo esto* es un regalo de Dios, *quien nos trajo de* vuelta a sí mismo por medio de Cristo. *Y Dios nos ha dado la tarea de reconciliar a la gente con él. Pues Dios estaba en Cristo reconciliando al mundo consigo mismo, no tomando más en cuenta el pecado de la gente. Y nos dio a nosotros este*

maravilloso mensaje de reconciliación. Así que somos embaja-
dores de Cristo; Dios hace su llamado por medio de nosotros.
Hablamos en nombre de Cristo cuando les rogamos: «¡Vuel-
van a Dios!».

Pues Dios hizo que Cristo, quien nunca pecó, fuera la
ofrenda por nuestro pecado, *para que* nosotros pudiéra-
mos estar en una relación correcta con Dios por medio
de Cristo.

(2 Corintios 5:17-21, NTV)

¿Listo para poner en práctica lo que aprendiste durante esta segunda semana?

TÁCTICA 2

TEMA: Resume en cinco renglones como máximo lo que
más destacas o entendiste de este capítulo.

_____

_____

_____

_____

_____

ATESORAR. Escribe y empieza a memorizar la porción bíblica de esta semana: 2 Corintios 5:17-21 (NTV). Comienza a leer el Evangelio según Marcos. Son dieciséis capítulos; lee uno por día. ¡Acabarás pronto!

_____

_____

_____

_____

_____

CORREGIR. ¿Qué pensamiento opuesto a la verdad de Dios estudiada en este capítulo tienes o te causa conflicto en este momento? Escríbelo y léelo en voz alta.

Puede ser condenación, culpa, temor, ansiedad, adicción, no poder dejar un hábito oculto, enojo, etcétera. ¿Qué es exactamente lo que piensas cuando eso viene a tu mente?

_____

_____

_____

_____

_____

Transcribir. Con tus palabras y de manera muy concisa transcribe la porción bíblica 2 Corintios 5:17-21 (NTV) como si debieras enviarla a alguien que nunca ha leído la Biblia. Léelo en voz alta tres veces y luego envíaselo a tu consejero o pastor.

Integrar. Lee también Santiago 1:22-25 (RVR1960): «... *Siendo renacidos, no de simiente corruptible, sino de incorruptible...*» ¿Cómo sería tu vida si esto fuera verdad para ti? Escribe tres cosas muy específicas que verías, sentirías, harías y experimentarías si vivieras esa verdad.

1. _____

2. _____

3. _____

Confiar. Establece que diariamente, durante todos los días de la semana, leerás y meditarás siete veces en la transcripción que hiciste de 2 Corintios 5:17-21 (NTV), así como en las decisiones y las acciones que escribiste en los pasos anteriores (te reitero la importancia de contar con un registro escrito). Esta es la manera de comenzar a llevar *cautivo todo pensamiento* (tu mente) *a Cristo* (2 Corintios 10:5) y Su verdad, dejando atrás lo que antes creías, eras, querías y deseabas fuera de Su voluntad. Recuerda que ahora tienes un nuevo corazón y, por lo tanto, nuevos deseos, fruto de que Dios está cambiando tu modo de pensar (Romanos 12:1-2).

(No olvides programar tus alarmas).

ACTIVAR. Determina las áreas, las personas o los momentos de tu día en los que estarás poniendo en práctica lo que aprendes, y ora (pide Su ayuda a Dios antes de enfrentar esos momentos; medita y considera lo que sabes para responder bajo la nueva naturaleza que proporciona Dios, que es Cristo en ti). Elabora tus registros semanales y envía a tu consejero o pastor siete acciones claras de que empezaste a reaccionar a tu nueva identidad y no a tu pasado o conforme a circunstancias presentes.

(Ejemplo: «Antes pasaba _____ y yo reaccionaba _____, pero ahora en Cristo puedo _____»).

1. _____
2. _____
3. _____
4. _____
5. _____
6. _____
7. _____

Si pudieras añadir sustento bíblico a tus reflexiones re-correrías una milla extra muy importante en tu fortale-cimiento espiritual.

¿Por qué no comienzas a elaboras una bitácora o un diario de aplicaciones de todas estas verdades que iremos aprendiendo juntos?

Dios te ama tal y como estás.
Pero porque te ama tanto no te va a dejar
tal y como estás. Envió a Cristo y murió por ti.
Para que ya no vivas para ti, sino para Aquel
que murió y resucitó por ti.

(Véase 2 Corintios 5:15, RVR1960)

ORACIÓN

———•———

Señor, pequé contra Ti e hice lo que no te agrada. Te menosprecié, y ahora entiendo la tremenda ofensa que eso significa. Hoy conozco que el problema está en mi corazón, que te ha menospreciado y no he sido guiado por Ti. Yo merezco la muerte, eso sería justo. Pero te doy muchas gracias por Jesucristo, que vino y vivió del modo que yo no podría vivir, y murió como yo merecería morir, para que por la fe en Él hoy sepa que me perdonas, me haces nuevo y que soy tuyo. Cristo me compró en esa cruz, pagó mi deuda y me liberó. Y hoy decido amarte a Ti. Y para eso te necesito, Señor. Posa tu Espíritu Santo en mí, para que pueda generar ese corazón que te ame del modo que Tú eres digno. Te necesito, Dios, y te pido todo esto en Cristo Jesús, mi Redentor y Rey, amén.

Soy hijo amado de Dios

(El evangelio es mi ADN)

Bienvenido a casa, te esperaba.

———— ■ ————

Lee Efesios 5:1 antes de comenzar.

> *Sean, pues, imitadores de Dios como hijos amados.*
> (Efesios 5:1, NBLA)

¿Qué notas al leer este versículo de solo ocho palabras? La mayoría de los lectores (incluidos los cristianos) puntualiza: «Debo imitar a Dios como hijo amado». Sí, es parte de lo que dice este pequeño versículo que se ha integrado a mi ADN en Cristo durante años. Y al igual que Aslan en Narnia, mientras más crezco, más grande lo veo. De tiempo en tiempo, Dios revela otra capa adicional en esa porción gloriosa de tan solo ocho palabras.

El objetivo de la consejería bíblica es *servir con el propósito de que la persona conozca y viva el evangelio de Cristo*. Lamentablemente, muchos pastores y consejeros cristianos en cierto sentido «nos avergonzamos del evangelio» y cometemos el error de asumir que la persona es «cristiana» porque lleva algún tiempo asistiendo a la iglesia o porque tiene «años» sirviendo en algún ministerio, o simplemente porque es hijo de pastor. Así pues, con esa idea, las sesiones de consejería avanzan rápidamente hacia las herramientas, las tareas y los objetivos inherentes a su propósito, ya que se da por sentado que la persona posee *una nueva identidad, aunque en realidad aún no la tiene. Esto es, «no ha nacido de nuevo»*.

El problema radica en que cuando termina el proceso es demasiado fácil que el receptor «recaiga» porque se buscó «reconstruir» sobre una identidad espiritual que aún no existe. Te daré un principio muy útil: no hay actividad, herramienta, libro o recurso más determinante que el poder de Dios en acción, el cual lo conforman el «evangelio», las «buenas noticias» de salvación en Jesucristo.

> *Pues no me avergüenzo de la Buena Noticia acerca de Cristo, porque* es poder de Dios en acción *para salvar a todos los que creen, a los judíos primero y también a los gentiles. Esa*

Buena Noticia nos revela cómo Dios nos hace justos ante sus ojos, lo cual se logra del principio al fin por medio de la fe. Como dicen las Escrituras: «Es por medio de la fe que el justo tiene vida».

(Romanos 1:16, 17, NTV)

A lo largo de este recurso procuro con frecuencia explicar, exponer y presentar, de una u otra manera, la misma buena noticia: *«Dios estaba en Cristo reconciliando consigo al mundo, no tomándoles en cuenta a los hombres sus pecados»* (2 Corintios 5:19, RVR1960). De modo que somos bienvenidos a la familia de Dios, no solo por cumplir los mandamientos, sino por creer por fe en Aquel que cumplió la ley, las demandas de santidad del Creador, y pagó nuestros pecados en nuestro lugar. Esta verdad puede y debe cambiar el resto de tu vida para siempre.

Existe un problema común e imperante entre muchos creyentes: por una extraña razón, la tremenda y buena noticia del evangelio se convierte en un «ruido blanco», es decir, en algo que saben, pero que ya no afecta sus vidas en ningún sentido. Tengo una hermana que radica en otra ciudad, y la última vez que la visité me quedé a dormir en su casa, la cual se ubica en una avenida principal. Yo no contaba con que toda la noche transitan por su calle camiones y camionetas con música a decibeles muy altos; llevan unas fiestotas adentro de las trocas. Esa noche se hizo muy larga, pues no dormí prácticamente nada por el ruido. En cuanto desperté le conté a mi hermana mis incomodidades nocturnas, y ella solo respondió: «¿En serio? Yo ya no lo oigo».

> ***Ruido blanco: algo que afecta tremendamente a otros y que de pronto para uno se vuelve algo que ya no se escucha.***

Me causa tristeza que para muchos cristianos, incluso consejeros y pastores, el evangelio se haya vuelto un ruido blanco. En la actualidad, Dios me ha estado empujando hacia una consejería más y más *cristocéntrica*, donde la base, el medio y el destino sea la persona y la obra de Cristo. Es entonces cuando el famoso versículo de Efesios 5:1 de esta semana toma otra dimensión. Durante muchos años, tanto tú como yo percibíamos lo mismo al leerlo: «Debo imitar a Dios como hijo amado». Pero estaba perdiendo la mejor parte y, por ende, el resultado era que, cuando lo «imitaba», comenzaba a sentirme «más piadoso y confiado», por lo que el siguiente paso consistía en juzgar y condenar a quienes «no lo imitaban como yo». Al fallar de manera dramática al imitarlo, surgía una vergüenza que me derrumbaba y me hacía sentir como el ser más lejano de Dios, además de miserable. La sensación perduró hasta el día en que Dios mismo puso un matiz especial a dos de esas ocho palabras que no había considerado antes. La primera es:

Sean, *pues*, imitadores de Dios como hijos amados.

«Pues» se entiende como: *entonces, por esto, de modo que, por consiguiente.* Esta clarificación nos llevará a lo que se encuentra conectado con ese texto, lo que nos lleva a concluir que se trata de un «imperativo». Será útil saber algo básico: cuando leamos la Biblia debemos poner atención a los pequeños detalles gramaticales. Al leerla podemos encontrar dos tipos de afirmaciones:

- Indicativos
- Imperativos

Por ejemplo, Génesis 1:1 (NTV): *En el principio, creó Dios los cielos y la tierra.*

¿Eso es un qué?

Un *indicativo*, porque Dios no está pidiendo que hagamos nada, solo expresa que Él en el principio hizo los cielos y la tierra.

Otro ejemplo, Mateo 22:39b (RVR1960): *Amarás a tu prójimo como a ti mismo…*; o Mateo 6:25 (RVR1960), donde Cristo señala: *… No os afanéis…* (no preocuparse).

¿Esos son qué?

Imperativos, porque Dios nos está pidiendo llevar a cabo una acción sobre algo.

Parece fácil de entender, pero para mí recientemente los indicativos han representado un peso que le da un sustento maravilloso a los imperativos. Lo que debemos entender es que Dios rara vez pide algo si es que antes no se presenta a sí mismo primero o nos indica quiénes somos en Él como la base de lo que va a pedir que hagamos.

Así pues, Efesios 5:1 es una joya que ejemplifica lo anterior. En este versículo hay un imperativo que debe conectarnos con el indicativo del que se deriva. La carta a los Efesios es uno de mis libros favoritos en la Biblia porque sus verdades son muy claras. Se puede dividir en dos: en los capítulos 1 al 3 leemos lo que Dios es, ha hecho y cómo salva, y del 4 al 6 aprendemos cómo luce una vida que ha abrazado los primeros tres actos de Dios como una verdad y un sustento de identidad.

El capítulo 4 habla mucho de «vestirnos de Cristo», de los cambios que debe haber en una vida que cree en Él. Pablo termina diciendo:

Sea quitada de ustedes toda amargura, enojo, ira, gritos, insultos, así como toda malicia. Sean más bien amables [benignos o buenos] *unos con otros, misericordiosos, perdonándose unos a otros, así como también Dios los perdonó en Cristo.*
(v. 31-32, NBLH)

Ciertamente hay una lista de cosas que debemos «quitar» de nosotros, pero Dios no nos dejará «vacíos», porque vienen los indicativos, que son la verdad que nos guía. ¿Cuáles son las tres cosas que Dios nos llama a *ser* en el versículo 32?

- Amables o buenos
- Misericordiosos
- Perdonadores

Pero ¡ojo! No son cosas por *hacer*, porque son atributos que ya hemos recibido en Cristo cuando nos volvimos a Dios. Por lo tanto, Él nos muestra cada mañana:

- Su bondad
- Su misericordia (al no darnos lo que merecemos)
- Su perdón

La verdad teológica es que, en Cristo, Dios ya nos ve como alguien que:

- Recibe y disfruta Su bondad (Tito 3:3-5)
- Habita en Su misericordia (Lamentaciones 3:23; Efesios 2:4)
- Ha sido perdonado (Efesios 1:7)

¿Logras dimensionar lo que significa eso? Lo expondré del siguiente modo:

> **El Rey del universo, contra quien pecamos de forma tan horrible, solo por la obra de Cristo nos muestra Su bondad al no darnos lo que merecemos, y nos ve y nos trata como si nunca hubiéramos pecado y siempre obedecido.**

En teología, a eso se le llama doctrina de la *justificación*.

(Vuelve a leer el llamado anterior, porque a estas alturas, por más duro que quieras ser, tu corazón tendría que arder de gozo, de paz y de esperanza).

Esto es muy interesante, porque ¿qué es lo que disfrutamos y somos por lo que Cristo hizo y nos hizo, según Efesios 4:32? ¡Su perdón!

Entonces, así es como Efesios 5:1 cobra vida:

Sean, pues, imitadores de Dios como hijos amados.
(NBLH)

Porque Dios nos ha dado Su bondad, Su misericordia y, sobre todo, Su perdón, *seamos* imitadores de Dios como hijos amados.

Pero allí no termina todo. ¿Recuerdas que dije que eran dos las palabras que saltaban a otra dimensión delante de mis ojos? La segunda es «*imitadores*».

Sean, pues, imitadores *de Dios como hijos amados.*

En México tenemos muy buenos imitadores de cantantes famosos; es impresionante ver a algunos parecerse literalmente al artista original cuando suben al escenario. Dichos *imitadores* se mueven igual, cantan igual, se visten igual y se comportan igual al original.

¿Sabes cuál es la clave para ser un buen imitador? La «observación»; mirar detenida y obsesivamente al que se pretende emular. Los imitadores pasan horas viendo videos del cantante que representarán, sus conciertos, cómo se viste y se mueve, sus gestos, y cómo usa su voz.

Es imposible imitar a alguien a quien no has observado.

Me viene a la mente el más asombroso atributo que Dios nos da: ser «Sus amados hijos». Un imitador de

cualquier cantante hace lo que hace porque es su trabajo, pero mi naturaleza en Cristo es algo mucho más que
un trabajo: es mi «identidad» como parte de una familia.

Dios me ve como Su amado hijo.

Tengo un hijo producto de un milagro (mi esposa había sido declarada clínicamente estéril) y, ¿sabes?, parte
del disfrute y cierto temor por la responsabilidad que
la paternidad significa, es que él no se despierta todos
los días y dice: *Quiero imitar a mi papá*; sencillamente, *al
ser parte de nuestro hogar, como amado integrante de esta
familia, y por la relación y la cercanía, empieza a actuar, a
hablar, y hasta a desear cosas que yo hago o gozo.* No es su
obligación, sino solo un «reflejo natural» de ser mi hijo.

Dios no nos pide obediencia a Su voz sin antes declararnos quiénes somos en Él y que lo disfrutemos. Si
perdemos de vista nuestra identidad en Cristo, nuestra obediencia será tan pura como la de un fariseo en
tiempos de Jesús —un «hipócrita»— y nuestras caídas
serían pronunciadas y profundas porque tenemos la
confianza y la identidad en nuestras «áreas fuertes»,
pero no en *la roca* que es Cristo.

A lo largo de los años de ministerio ha sido común
encontrarme en pláticas con creyentes, muchos de ellos

hijos de pastores o misioneros, a quienes les «enseña-ron a ser cristianos» o les «inculcaron el cristianismo», pero no poseen ni sienten la deliciosa identidad de la realidad de ser hijos amados de Dios. Estas personas pueden ser muy activas o desempeñar servicios que la Iglesia les encomienda, pero en lo profundo y en lo privado no disfrutan, ni conocen, ni aman a Dios. Hay momentos en que los absorbe la desesperación y la frustración porque *en su cabeza saben la verdad de Dios, pero en su vida no viven Su verdad.* Esto pasa con mu-chos religiosos: tarde o temprano concluyen que son «paralíticos del alma» porque en su mente tienen los conceptos, saben las respuestas, lo que deben hacer y para quién, pero *su vida no responde conforme a esas verdades.* Entonces, llega el inevitable momento en que muchos descubren que nunca han «nacido de nuevo», sino que solo fueron «domesticados en el cristianis-mo». No cuentan con ese nuevo corazón que solo pro-porciona Dios. Por lo tanto, Él permitirá que enfrenten una «crisis de identidad espiritual» para que puedan darse cuenta de que necesitan *nacer de nuevo* en Cristo.

Algo tan importante como la obediencia es ver a Jesucristo e imitarlo. Es glorioso cómo la frase *hijos de Dios* es el mismo juego de palabras usado en Mateo 3 y 17 (el bautismo de Jesús por Juan el Bautista) cuando el cielo se abre y se oye la voz de Dios: «*Este es mi Hijo amado, en quien tengo complacencia*». ¡Uf! ¿Sabes lo que significa? *Que Dios* nos *ve* y *ve* a *Cristo, Su Hijo amado, ¡y se complace!* ¿Cómo pasó eso? Sucede que al ver a Cristo en la cruz te está viendo a ti y a mí, porque en Cristo derramó Su ira contra el pecado; porque en Cristo un inocente pagó por los culpables en la más grande muestra de amor, en la que no queda más que caer rendidos a Sus pies ante tan tremendo amor, volver en arrepentimiento a Él y vivir en obediencia «imitándole».

Si eres un cristiano ya hace algún tiempo, a estas alturas del capítulo 3 probablemente has de estar pensando: *Mmmm, ¿más evangelio, Kike? Eso de que Jesús murió por mí ya lo sé y lo entendí hace mucho. ¿Podemos avanzar?* Y te respondo: *No puedes avanzar al omitir eso; si te mueves de este fundamento, pierdes.*

No dudo que sea precisamente para ti —o para cualquier cristiano que piense así—, sino para aquellos a quienes Dios consideró que se guardase el registro de aquel experto en la ley, uno de los religiosos más reconocidos de Israel. El Evangelio de Juan, en el capítulo 3, habla del encuentro de Jesús con un fariseo llamado Nicodemo. La conversación entre ambos trató sobre *nacer de nuevo*. La conclusión al tema está justo antes de ese famoso texto de Juan 3:16. Leamos las siguientes palabras de Jesús:

Y, así como Moisés levantó la serpiente de bronce en un poste en el desierto, así deberá ser levantado el Hijo del Hombre, para que todo el que crea en él tenga vida eterna.

(Juan 3:14-15, NTV)

Es curioso, Jesús relaciona lo que sufrirá y la manera de obrar la salvación con lo que ocurrió en el desierto, que se registra en Números 21:4-9. Los hebreos venían de ser poderosa y asombrosamente rescatados del yugo del imperio más importante de aquella era, y comienzan a quejarse y a cuestionar a Dios y a Moisés (creo que los latinos tenemos cierta influencia hebrea en nuestras venas, por lo menos en lo quejumbrosos e insatisfechos que somos). Por esa razón Dios envía serpientes al pueblo para que muerdan a la gente y muchos comienzan a morir. Entonces van con Moisés y reconocen que hicieron mal; Moisés, asombrosamente, busca a Dios y Él le dice:

Haz la figura de una serpiente venenosa y átala a un poste. Todos los que sean mordidos vivirán tan solo con mirar la serpiente.

(v. 8, NTV)

Y a continuación el texto nos aporta un indicio de la salvación que después haría Cristo:

Y cuando alguna serpiente mordía a alguno, miraba a la ser-
piente de bronce, y vivía.

(v. 9b, RVR1960)

El pueblo de Israel en el desierto se olvidaba constan-
temente de las promesas de Jehová. Amigo, cuando
estamos en «nuestros desiertos» somos rápidos para
olvidar lo que Dios ha hecho y empezamos a desear, a
hablar y a comportarnos de un modo incoherente con
lo que el Creador nos ha dado.

Me encantan las señales de Dios: ante la mordi-
da de un reptil ofidio, que implica envenenamiento y
muerte, ordena a Moisés que elabore una serpiente de
bronce, la coloque en una asta y la levante.

Cuando el pecado te alcance
y te lleve al desierto, ¡mira a Cristo!

Pablo lo expresa mejor en su carta a la iglesia de Corinto:

Cristo nunca pecó. Pero Dios lo trató como si hubiera pecado,
para declararnos inocentes por medio de Cristo.

(2 Corintios 5:21, TLA)

¡Mira a Cristo y vivirás!

Al apartar nuestra mirada de Él, comenzamos a caer en una espiral descendente que termina en una horrible arrogancia o en una desesperanza suicida. Ambas son pésimas representaciones de nuestro bueno, misericordioso y perdonador Papá (*Abba padre*, Romanos 8:15).

Mira a Cristo, imítalo, de eso se trata todo. Eso es fidelidad a Dios, no quitarle la mirada al deseado de las naciones (Hageo 2:7).

Camina con Cristo, conócelo, escúchalo, mira cómo es, trátalo, habla con Él; te responderá. Ámalo, sírvele, vive en Su perdón, porque Él *es la imagen de Dios* (2 Corintios 4:4); Cristo es precisamente el diseño original (Génesis 1:27) en su máxima expresión. Lo glorioso de todo es que Dios está en el proceso de hacernos a esa imagen (Romanos 8:28-30).

Retomemos Efesios 4:32. ¿Cuál es el atributo o el elemento más cercano o vinculado a Cristo que Dios nos da en esa porción de la Escritura? Su perdón. Si eres hijo amado de Dios, imita a Cristo (la imagen de Dios), quien aun desde la cruz dijo:

Y Jesús decía: «Padre, perdónalos, porque no saben lo que hacen».

(Lucas 23:34, RVR1960)

¿Por qué Dios permitiría que personas en tu vida te fallen, te lastimen, te decepcionen o te menosprecien? Imita a Cristo. Pero ¿cómo podrías imitar al perdonador por excelencia si no tuvieras la oportunidad de perdonar a otros? Bueno, las decepciones bien se pueden volver invitaciones: ¡MIRA A CRISTO!

En el recurso que saldrá publicado más adelante y que acompañará a esta serie que estoy desarrollando, estudiaremos cómo solo por medio de Cristo podemos ser libres de uno de los pecados más sutilmente escondidos y justificados aun por los líderes religiosos: la *amargura*. Como todo pecado, este posee una verdad bíblica ante la cual cede: somos en Cristo recipientes de la bondad de Dios; por lo tanto, diariamente disfrutamos Su misericordia, Su perdón, lo cual es posible porque somos hijos amados de Dios.

Tú y yo cabemos en la parábola «del hijo pródigo»; somos ese hijo que se fue y regresó después de ofender de manera grotesca a su padre. Es Dios quien corre hacia nosotros y nos besa, nos abraza, nos restaura y prepara una fiesta para celebrar que retornamos a Él (Lucas 15:11-32). Nosotros somos los festejados, pero en realidad sabemos que la única razón por la que disfrutamos de esa celebración es porque tenemos un asombrosamente amoroso, perdonador y buen Papá.

A Él sea la gloria y toda la honra por la obra que no solo inició, sino que promete terminar hasta Su día (Filipenses 1:6), en las vidas de quienes viven porque han mirado a Aquel que es nuestra justicia, nuestra gloria y nuestra única esperanza, a Cristo, *nuestra vida:*

> *Cuando Cristo, nuestra vida, sea manifestado, entonces ustedes también serán manifestados con Él en gloria.*
> (Colosenses 3:4, NBLH)

Ahora construyamos sobre lo que hemos aprendido esta semana.

TÁCTICA 3

TEMA. Resume en cinco renglones lo que aprendiste en este capítulo.

_____

_____

_____

_____

_____

ATESORAR. Memoriza Efesios 4:31, 32 y 5:1 (NBLH).

> *Sea quitada de ustedes toda amargura, enojo, ira, gritos, insultos, así como toda malicia. Sean más bien amables unos con otros, misericordiosos, perdonándose unos a otros, así como también Dios los perdonó en Cristo.*
>
> *Sean, pues, imitadores de Dios como hijos amados.*

Al mismo tiempo continúa con la lectura del Evangelio de Marcos, un capítulo diario.

CORREGIR. ¿Qué pensamiento opuesto a esta verdad tienes o enfrentas en este momento? Escríbelo y léelo en voz alta.

_____

_____

_____

_____

_____

_____

TRANSCRIBIR. Escribe con tus propias palabras Efesios 4:31 y 5:1. Léelo en voz alta; luego envíaselo a tu consejero o pastor.

INTEGRAR. ¿Cómo sería tu vida si lo escrito fuera verdad para ti? Escribe tres cosas muy específicas que verías, sentirías, harías y experimentarías al vivir esto. (Medita sobre Santiago 1:22-25.)

1. _____

2. _____

3. _____

CONFIAR. Programa siete veces diarias en las que leerás y meditarás cada día, durante toda la semana, la transcripción, las decisiones y las acciones que escribiste en los pasos anteriores (recuerda los registros por escrito). Esta es la manera de comenzar a llevar *cautivo todo pensamiento* (tu mente) *a Cristo* (2 Corintios 10:5) y Su verdad, y dejar atrás lo que antes creías, eras, querías y deseabas que fuera de Su voluntad. Recuerda que ahora tienes un nuevo corazón; por lo tanto, nuevos deseos, fruto de que Dios está cambiando tu manera de pensar (Romanos 12:1-2).

(No olvides programar tus alarmas).

Activar. Determina las áreas, las personas o los momentos de tu día en los que practicarás lo que aprendiste, y ora (pide Su ayuda a Dios antes de enfrentar esos momentos; medita y considera lo que sabes para responder bajo la nueva naturaleza que proporciona Dios, que es Cristo en ti). Elabora tus registros semanales y envía a tu consejero o pastor siete acciones que evidencien que empezaste a reaccionar a tu nueva identidad y no a tu pasado ni a circunstancias presentes.

1. _____

2. _____

3. _____

4. _____

5. _____

6. _____

7. _____

APLICACIÓN MILLA EXTRA (AME)

1. Esta semana elabora tres listas con 33 cosas de la siguiente manera:

- Una lista con 33 evidencias de la bondad de Dios en tu vida.
- Una lista con 33 misericordias que Dios ha mostrado contigo (cuando el Señor no te da lo que mereces por tus acciones, sino por el contrario: ve por ti y por tu bien).
- Una lista de 33 cosas que Dios te ha perdonado.

2. Sigue registrando tres cosas de las que Dios te está hablando y mostrando en los sermones de tu iglesia local.

Amigo(a), hoy puedes acercarte confiadamente a Dios y saberte *bienvenido*, no por lo que tú has hecho o dejado de hacer, sino por lo que Cristo hizo en tu lugar. Ya no tienes que vivir en vergüenza, ni en confusión ni en condenación; ahora *puedes vivir en Él por siempre perdonado, libre y con una gloriosa esperanza.*

ORACIÓN

———●———

Señor, no tengo palabras apropiadas para agradecer por tanto amor, bondad, misericordia y perdón. Solo te suplico hoy que me permitas, por medio de tu Espiritu Santo, recordar siempre quién soy, no por lo que yo he hecho, sino porque creo en mi Señor y Salvador Jesucristo, quien hace posible que hoy pueda saberme tu hijo amado y en cuyo nombre te pido esto y solo para Su gloria por siempre, amén.

¿Cómo se percibe la confianza en Dios?

Hola, soy Dios, y a partir de ahora,
yo estoy a cargo de ti.

─────── ▪ ───────

Lee Salmos 9:10 antes de comenzar.

> *¡Tú guardarás en perfecta paz a todos los que confían en ti;*
> *a todos los que concentran en ti sus pensamientos! Confíen*
> *siempre en el SEÑOR, porque el SEÑOR DIOS es la Roca eterna.*
> (Isaías 26:3, 4, NTV)

«Es que yo creo en Dios» es una frase común en boca de personas que en momentos de crisis no encuentran el rumbo y se hallan desesperadas; quizá fueron formadas incluso con principios religiosos. Lo mismo sucede con los que se dicen de «cuna cristiana» (semejante afirmación es tan verdadera como los unicornios y el ratón de los dientes). Saben los cantos, dominan la terminología religiosa, se saben comportar en la iglesia; son sinceros al decir que profesan una fe. El problema es que muchos que aseguran confiar en Dios ni siquiera entienden bien cómo deben asumirlo.

- ¿Has nacido de nuevo?
- ¿Has sido salvado?
- ¿Cómo lo sabes?

Estas son preguntas que casi siempre (aun entre asistentes de iglesias cristianas) derivan en respuestas como las siguientes:

- «Claro, pastor, ¡qué pregunta es esa!, si llevo quince años en la Iglesia».
- «Pues hice la oración del pecador».
- «Pasé al frente en una "ministración"».
- «Fui bautizado desde niño».
- «Invité a Jesús a vivir en mi corazón» o «Recibí a Jesús en mi corazón».

Todas estas respuestas demuestran un pobre o —en muchos casos— nulo entendimiento del evangelio de Jesucristo y, por ende, de la fe que salva y transforma.

Pero antes de desplegar en este capítulo las verdades y los recursos que aprenderemos esta semana, es necesario establecer qué es y cómo resulta evidente que de verdad alguien ha confiado en Dios.

En primera instancia sabemos que la salvación se da *solo por fe y solo por gracia* (Efesios 2:8-10). Pero en términos funcionales *muchas personas tienen problema al vincular la fe que salva con la que transforma*, que básicamente es la misma.

En la Biblia dice:

Los que conocen tu nombre confían en Ti, porque Tú, oh Señor, no abandonas a los que te buscan.
(Salmos 9:10, NTV)

De acuerdo con el Evangelio de Juan, la vida eterna consiste en conocer a Dios y a Jesucristo (el Hijo que lo ha dado a conocer), a quien Él ha enviado (Juan 17:3). La fe que salva es una fe que crece en el conocimiento de Dios. Por lo tanto, mientras más conocemos a Dios, más podemos confiar en Él.

Se cuenta que cuando los misioneros que traducen la Biblia a idiomas o dialectos de tribus o comunidades particulares se topan con una encrucijada al verse en la necesidad de reinterpretar la palabra *fe* (confiar) debido a que es un concepto muy difícil de explicar. También dicen que en sus labores de adoctrinamiento recurren a la práctica ilustrativa de amarrar una hamaca de dos postes o de dos árboles; entonces les piden a los pobladores que mencionen qué verbo emplearían o que acción los haría decidirse a posar todo su peso en la red sin dejar un pie en el piso. El verbo o la acción que refieren por lo general termina siendo la palabra *fe* o un derivado de ella: *confiar*. Para traducir la Biblia resulta esencial dejar muy claro este punto.

> *Fe o confiar es depositar todo en algo o en alguien, y saber que tiene el poder y la fuerza para sostenerte.*

De hecho, eso de tener un pie en el piso se hace por si la hamaca falla. Pero la fe bíblica y cristiana no es «tener un pie» en el mundo por si Cristo nos falla, no, sino dejarnos caer por completo en Aquel que es desde antes de la fundación del mundo (1 Pedro 1:20) y descansar con la confianza de que no caeremos. Esa es la fe que salva y transforma. Pablo usaría el término *perfecciona* cuando hace referencia a lo que está persuadido, conforme a la versión Reina-Valera 1960, pero la Nueva Traducción Viviente dice de la siguiente manera:

Y estoy seguro de que Dios, quien comenzó la buena obra en ustedes, la continuará hasta que quede completamente terminada el día que Cristo Jesús vuelva.

(Filipenses 1:6)

Entonces...

La fe en Cristo que nos salva es la misma que nos transforma hasta el día de Cristo.

Muchos piensan que el evangelio solo es para los incrédulos o para los no creyentes y que es algo así como la «línea de partida» de la vida cristiana. Sin embargo, yo creo (estoy convencido de ello, como lo sostuve en el capítulo anterior) que el evangelio de Cristo no solo es la línea de partida, sino todo el carril en el que andamos hasta que lleguemos por Jesús a la meta: *siempre Cristo*. Por esa razón es preciso dejar muy claro cómo debe evidenciarse la fe en Dios que salva, y que de igual modo nos da el poder para ser transformados a la imagen de Cristo (el diseño original perfecto); ese es el propósito por el cual Dios llevó a cabo Su intervención en este mundo y obró la salvación. De este punto habla Pablo en Romanos:

Ahora bien, sabemos que Dios dispone todas las cosas para el bien de quienes lo aman, los que han sido llamados de acuerdo con su propósito. Porque a los que Dios conoció de antemano, también los predestinó a ser transformados según la imagen de su Hijo, para que él sea el primogénito entre muchos hermanos. A los que predestinó, también los llamó; a los que llamó, también los justificó; y a los que justificó, también los glorificó.
(8:28-30, NVI)

¿Notas cómo la fe en Dios como Salvador debe también abarcar una existencia en la que Él es el Señor de tu vida?

A todo aquel que Cristo salva, Cristo gobierna.

Lo anterior explica por qué dos de las combinaciones más utilizadas para nombrar a Dios son *Señor y Salvador*. Si Dios no es nuestro Señor —que gobierne sobre los deseos y las decisiones de nuestra vida—, entonces es probable que aún no nos haya salvado. Esta es la noticia más agridulce que muchos pueden escuchar. Agria, porque atenta contra todos los «esfuerzos o las acciones cristianas o religiosas» que han hecho; pero dulce, porque de pronto todo comienza a tener sentido.

El punto es el siguiente: se han esforzado por ser cristianos, pero realmente no han nacido de nuevo. Del mismo modo que el hecho de que vayas a un estadio no te hace futbolista, el que acudas a una iglesia no te hace salvo.

> **No se trata de invitar a Jesús a vivir en nuestro corazón, sino de rendirlo todo a Él en sujeción y adoración.**

Tengo cierta compasión por quienes viven lo que yo alguna vez experimenté, aquellos que durante muchos años han *«creído que creen»*, *pero su vida solo evidencia de que viven para sí mismos, no para Dios*. A estos, por lo regular las consecuencias los conducen desesperados a la iglesia o quebrantados a mi oficina porque ellos necesitan ver a Dios «ser Señor en sus vidas». Pero hay algo con lo que quiero animarte: esas crisis son algo bueno. Son lo mejor que le puede pasar a nuestra alma. ¿Recuerdas las palabras de David?

> *Estuvo bien que me hicieras sufrir porque así entendí tus enseñanzas. Para mí, ellas son de más valor que el oro y la plata.*
> (Salmos 119:71, 72, TLA)

Para ser honestos, es difícil apreciar la Palabra de Dios como lo que es, hasta que entiendes su valor al dar vida, protección, dirección y consuelo.

Te hablé acerca de cómo los misioneros explican que traducen la Biblia a otros lenguajes o dialectos; ahora permíteme explicarte cómo se percibe eso de confiar en Dios empleando una experiencia de mi propia vida.

Hace unos meses tuve el privilegio de conocer a un amigo que es asiduo practicante del paracaidismo. Esa es una actividad que siempre quise probar, pero no había tenido la oportunidad de hacerlo. Al enterarse de mi interés, mi amigo me dijo: «Si tú te animas, yo te lo invito». Emocionado —y con un poco de incertidumbre— acepté. Después de que me contara cómo dos de sus tres instructores habían muerto practicando este deporte, la conversación siguió con algo así:

—¡Eso no ayuda mucho a animarme, eh! —expresé.

—En realidad es uno de los deportes más seguros —respondió mostrando confianza—; las personas que mueren por lo general es porque se quieren hacer las valientes. Y como es una práctica extrema, empiezan a querer romper las marcas o a aventarse desde alturas muy riesgosas, o a querer pasar entre ventanas de edificios… Y pues terminan muertas. *Pero si sigues las instrucciones,* el paracaidismo es toda una experiencia.

Entonces me di cuenta de que estaba por experimentar algo que tenía verdades más profundas de las que cualquiera puede ver a simple vista.

Arribamos al lugar. Yo esperaba recibir cierto entrenamiento o alguna preparación previa. Era algo que nunca había hecho antes, por lo que asumía que alguien me daría referencias o que yo realizaría ciertos ejercicios previos, o prácticas… algo para no llegar tan en frío. Pero no, mi amigo solo comenzó:

—Mira, los primeros cuatro segundos que transcurren tras salir del avión son los peores; nunca has sentido eso. Pero ya después, ¡es increíble!

A la distancia se acercó un hombre, mencionó mi nombre en voz alta y yo levanté la mano:

—Hola, soy Rocco, y a partir de este momento estarás a mi cargo. Lo que sigue es sencillo; te ayudaré a ponerte el equipo, vamos a subir, *solo haz lo que te indique y todo estará bien.*

Y continuó:

—Cuando salgamos del avión estarás sujetando estas tiras de tu mochila, pero cuando yo toque tu hombro las soltarás y extenderás los brazos. Lo demás déjamelo a mí.

Eso fue todo. Cuando me di cuenta… ya estaba abordando una avioneta y despegando para alcanzar los 11 000 pies de altura. Primero se lanzaban los profesionales (como mi amigo), quienes ya podían hacerlo solos y hasta portaban cámaras. Yo veía que muchos usaban una especie de lentes, que yo no tenía, por lo cual pregunté a Rocco y él me contestó:

—Tranquilo, acá los tengo, yo te los coloco antes de salir. Todo está listo, Kike; no es mi primer rodeo.

Hasta que exclamó eso de verdad entendí que *mi labor ahí solo era hacerle caso a él; la suya, como me lo dijo al inicio, consistía en estar a cargo de mí.* Cabe destacar que obviamente en Estados Unidos, para ser instructor, o como se le llame a la función que desempeñaba Rocco en ese momento, debes haber realizado cientos y cientos de saltos exitosos. Es muy diferente volar en avión cuando el viaje está diseñado para no abrir ninguna puerta hasta que aterrices en tu destino, pero ahora me hallaba en una aeronave en la que la puerta se abría a 11 000 pies de altura ¡para que los pasajeros se arrojaran al vacío de manera voluntaria!

Rocco me ayudó a ponerme los lentes e indicó:

—Cuando nos lancemos, mira hacia arriba, y después, recuerda, cuando toque tu hombro sueltas y abres los brazos. De preferencia, al principio, no mires hacia abajo; mira al horizonte —*curioso para quien es pastor de Horizonte*, pensé.

117

Entonces nos movimos, sacamos las piernas del avión…

—¿Listo? —preguntó Rocco, y contó—: 3… 2…

Lo que sentí después ciertamente fue algo que ¡nunca había experimentado!: una total falta de control sobre mí. Piensa en esto: por diseño, fuimos creados para que elementos como la gravedad nos mantengan con «los pies en la tierra». Aun cuando nos subimos a un automóvil, tenemos la confianza común de que seguimos cerca del piso. Pero a 11 000 pies de altura, en caída libre y sin la más mínima idea de qué hacer, la fe (confianza) comienza a tomar otra dimensión. *Yo necesitaba confiar* en que Rocco sabía lo que hacía y en que la tela que saldría de su mochila podría sostenernos a ambos.

Al principio estaba agarrado con todas mis fuerzas a las tiras de la mochila, tan aferrado e impresionado que no sentí cuando Rocco me tocó el hombro por primera vez (las primeras tres veces para ser honesto); tuvo que tocarme más fuerte y gritarme: «¡Brazos, brazos!» para que yo los extendiera y entonces disfrutara una de las experiencias más locas y extraordinarias de mi vida, en la que Dios me otorgó una nueva versión de lo que significa «confiar en Él».

Ya en tierra, vimos algunos videos en los que pude observar a personas que *literalmente sufrieron durante la experiencia porque no atendieron las instrucciones del guía,* y algunas murieron en el salto debido a que al intentar superar una marca o romper una regla *no siguieron los procedimientos de seguridad; entonces una vivencia espectacular se convirtió en una experiencia mortal.*

En la vida que Dios nos dio las cosas son muy similares. Él nos guía y ha determinado «procedimientos de seguridad» en Su Palabra para nuestro bien. Una de las promesas que Luis Mendez me inculcó con más ahínco, y que sigo disfrutando en el contexto de lo que eso significa, está registrada en el libro del profeta Jeremías:

Ellos serán mi pueblo y yo seré su Dios. Les daré un solo corazón y un solo propósito: adorarme para siempre para su propio bien y el bien de todos sus descendientes. Y haré un pacto eterno con ellos: nunca dejaré de hacerles bien. Pondré en el corazón de ellos el deseo de adorarme, y nunca me dejarán. Me gozaré en hacerles bien…
(Jeremías 32:38-41a, NTV)

Con base en lo anterior podemos afirmar de la siguiente manera la experiencia de vida:

*Adorar a Dios por siempre;
el procedimiento de seguridad ha sido dado
en Su Palabra, y el guía es provisto
en el Espíritu Santo.*

Me gusta cómo expone la Nueva Versión Internacional el v. 39 que se refiere a una sola mente y a un solo propósito:

> Haré que haya coherencia entre su pensamiento y su conducta, *a fin de que siempre me teman,* para su propio bien y el de sus hijos.

La fe (confiar) en Dios se percibe de manera coherente cuando nos rendimos a Él, cuando depositamos totalmente en Él todo nuestro ser y seguimos Sus instrucciones, al tiempo que entendemos que es digno y que es para nuestro propio bien. Cuando Dios toca nuestra existencia y nosotros «abrimos los brazos» siguiendo Su instrucción, la vida se vuelve «una aventura de fe espectacular». Pero si nos resistimos, no consideramos Su instrucción y «nos hacemos los valientes», nos exponemos a nosotros mismos y a quienes amamos a un martirio mortal.

Confiar en Dios se nota al rendir tu voluntad a la de Él.

Durante un sermón, Greg Laurie contó una historia acerca de su hijo cuando *Star Wars* estaba de moda producto de las primeras películas. Él lo llevó a una juguetería y le dijo: «Escoge lo que quieras, yo te lo voy a comprar», pero el pequeño, por su estatura, solo alcanzaba a mirar los primeros dos niveles del mostrador donde estaban los muñecos de acción; obviamente eligió uno del personaje Han Solo. Pero el papá sí tenía un panorama de la totalidad de las opciones que ofrecía el lugar y en la parte superior del exhibidor se hallaban las naves espaciales y los juguetes más grandes, de modo que luego de ver el Han Solo, Greg estiró sus brazos para alcanzar una caja de arriba y sugirió: «¿Qué tal si junto con eso nos llevamos este?», y le mostró a su hijo el famoso y mítico *Halcón Milenario*. El niño no podía creerlo, ni siquiera tenía idea de que ese vehículo se exhibía en el anaquel, puesto que no alcanzaba a verlo. Feliz se dirigió a la caja registradora con su papá dispuesto a llevarse ese espectacular regalo. El pequeño aprendió una lección con esta experiencia. La siguiente vez que visitaron la juguetería, papá hizo la misma oferta: «Escoge el juguete que quieras», pero el niño respondió:

«No, papá, mejor escoge tú».

¡Qué gran enseñanza! El hijo había aprendido que «papá ve lo que yo no veo, y sabe lo que es mejor y siempre me va mejor cuando él escoge por mí».

Hace algunos años, Dios me enseñó un concepto mientras presenciaba una consejería que ofrecía Luis Mendez y a la cual mi esposa y yo asistimos como observadores. En medio de una situación difícil, en la que una mamá había recibido la noticia de que el bebé que tanto esperaba no se estaba desarrollando en su vientre, Luis empezó a ministrarla con la Palabra, y fue asombroso ver cómo el Señor la guio a una conclusión: «Dios es mejor que un bebé». Desde ahí se quedó tatuado en mi corazón el concepto: *Cristo es mejor*.

Este es hoy el lema de mi vida —*Cristo es mejor*— y también el de la Iglesia que pastoreo; es lo que anhelo que más personas puedan abrazar, pues ese principio debe ser desarrollado para saber qué hacer cuando viene la tentación. Cuando llega, debido a nuestra naturaleza pecaminosa, la vemos como que es justa, algo que necesitamos; que merecemos el placer que nos regala, pero en ese momento debemos recordar que *Cristo es mejor*. De igual modo, cuando aparecen el éxito o la estabilidad personal, pero Dios desaparece, es preciso recordar que *Cristo es mejor*. El fracaso, las tentaciones, los logros y la estabilidad pasarán porque son temporales, ¡pero Cristo es fiel! Por eso siempre *Cristo es mejor*.

Dios es quien escoge mejor.

Debemos reconocer que nuestros peores momentos, los más desesperanzadores, han surgido como consecuencia de elegir con base en lo que vemos, en las circunstancias, en los miedos, en el pasado o en nuestra condición presente, pero sin considerar a Dios, lo que Él es y dice. Aprendí desde hace tiempo un concepto que me ha ayudado muchísimo:

Nadie te puede decir quién eres, y ni siquiera tú, solo Dios.

En el momento en que entregas *tu voluntad y tu identidad a la voluntad y a la identidad de Dios*, ¡estás en el diseño original! Entonces empiezas a ver cosas que antes no veías, a desear lo que antes rechazabas, y a buscar a

Aquel que antes no considerabas, y compruebas que, a pesar de que las circunstancias temporalmente no son las que tú quisieras, sabes en manos de quién estás, en las manos de Dios, las de Aquel que es poderoso para restaurarte y para hacerte nuevo, útil. Así se lo dice el Señor a Jeremías, cuando Dios manda al profeta a ver cómo un alfarero elaboraba una obra, y esta se echa a perder y él la deshace y decide reconfigurarla según le parecía mejor (Jeremías 18:1-6).

En las manos de Dios el resultado está garantizado y siempre es mejor. En las nuestras también está garantizado: siempre terminará en ruina.

Consolidé mi formación vocacional o profesional en el ámbito secular al cursar una licenciatura en administración, con especialidad en recursos humanos. Una de mis clases era el desarrollo de planes de vida y de carrera, que incluía, como parte de sus prácticas, la creación de un programa alusivo a la temática de acuerdo con los propósitos y los requerimientos de una persona en particular. Dentro de la tarea, obviamente, se nos asignó elaborar también nuestro propio plan de vida y de carrera. Aún recuerdo el mío con risa y con cierta vergüenza. Hasta después de que *nací de nuevo* me di cuenta de que confiar en Dios (nacer de nuevo por la fe) se hace evidente cuando tomas tu plan de vida y de carrera hecho por ti y lo rompes y lo tiras a la basura; luego tomas un papel en blanco y lo firmas al final, manifestando que es tu deseo y tu decisión presentárselo a Dios y rogarle:

Dios, Tú escoges mejor.
Sé Tú el hacedor, el diseñador
y el fin de mi plan de vida.
Haz lo que quieras conmigo.

Bien lo expresa el sabio Salomón en Proverbios:

> *Confía en el SEÑOR con todo tu corazón; no dependas de tu propio entendimiento. Busca su voluntad en todo lo que hagas, y él te mostrará cuál camino tomar. No te dejes impresionar por tu propia sabiduría. En cambio, teme al SEÑOR y aléjate del mal.*
> (Proverbios 3:5-7, NTV)

Así como sucede en el paracaidismo guiado —recuerda—, Cristo nos guía en la vida y ha determinado «procedimientos de seguridad» en Su Palabra. Por lo tanto, *haz Su voluntad.*

¡Bienvenido seas a una aventura espectacular de fe llamada vida eterna en Cristo!

En el próximo capítulo hablaremos acerca de cómo buscar la voluntad de Dios en Su Palabra, así como de un modelo para ayudarnos a comprender cómo ponerlo en práctica, en respuesta a que hemos entendido y decidido que Él escoge mejor. Recuerda: *la consejería es el arte de conectar la Palabra de Dios con la obra que Él hace en nuestras vidas, así como servir en lo mismo para otros.*

Vamos a la TÁCTICA de esta semana (ya llevas más de la mitad del proceso. ¡Vas muy bien! ¡No te rindas!.

TÁCTICA 4

TEMA. Resume cuatro renglones como máximo lo que aprendiste en este capítulo.

_____

_____

_____

_____

ATESORAR. Memoriza Proverbios 3:5-7 (NTV).

Confía en el SEÑOR con todo tu corazón; no dependas de tu propio entendimiento. Busca su voluntad en todo lo que hagas, y él te mostrará cuál camino tomar. No te dejes impresionar por tu propia sabiduría. En cambio, teme al SEÑOR y aléjate del mal.

CORREGIR. ¿Qué pensamiento opuesto a esta verdad tienes o te causa conflicto hasta ahora? Por qué no haces un recuento de tres situaciones de tu vida en que has decidido a tu modo, pero que no terminaron como esperabas. Dios te está llamando a corregirlo y a operar ahora a Su modo. Escríbelo y léelo en voz alta.

1. _____
2. _____
3. _____

TRANSCRIBIR. Escribe con tus propias palabras Proverbios 3:5-7. Léelo en voz alta y envíaselo a tu consejero o pastor.

_____
_____
_____
_____

_____

_____

_____

_____

INTEGRAR. ¿Cómo sería tu vida si esto fuera una verdad que aplicaras? Escribe tres cosas muy puntuales que verías, sentirías, harías y experimentarías al vivir estas verdades. Aplica lo anterior a las tres situaciones o áreas que comentaste en el punto «Corregir». (Lee además Santiago 1:22-25).

1. _____

2. _____

3. _____

CONFIAR. Establece siete veces diarias en las que leerás y meditarás cada día, durante toda la semana, la transcripción, las decisiones y las acciones que escribiste en los pasos anteriores (una vez más, no olvides los registros escritos). Esta es la manera de comenzar a llevar *cautivo todo pensamiento* (tu mente) *a Cristo* (2 Corintios 10:5) y Su verdad, y dejar atrás lo que antes creías, eras, querías y deseabas que fuera de Su voluntad. Recuerda que ahora tienes un nuevo corazón; por lo tanto, nuevos deseos, fruto de que Dios está cambiando tu manera de pensar (Romanos 12:1-2).

(No olvides programar tus alarmas).

ACTIVAR. Determina las áreas, las personas o los momentos de tu día en los que practicarás lo que vas aprendiendo, y ora (pide Su ayuda a Dios antes de enfrentar esos momentos; medita y considera lo que sabes para responder bajo la nueva naturaleza que proporciona Dios, que es Cristo en ti). Elabora tus registros semanales y envía a tu consejero o pastor siete acciones que evidencien que empezaste a reaccionar a tu nueva identidad y no a tu pasado o a circunstancias presentes.

1. _____

2. _____

3. _____

4. _____

5. _____

6. _____

7. _____

Si añades sustento bíblico a tus reflexiones avanzarás una milla extra muy importante hacia tu fortalecimiento espiritual.

APLICACIÓN MILLA EXTRA (AME)

- Empieza a orar conforme a Jeremías 32:38 (NVI), de modo que Dios te conceda ese corazón con propósito de adorarlo, y que tu pensamiento y tu conducta sean coherentes.
- Por las mañanas lee Salmos 119. Está dividido según las letras del alfabeto hebreo. Lee diariamente mínimo una porción o lo correspondiente a cada letra griega y anota en tu bitácora del proceso lo que entendiste de cada día. Tu consejero revisará algunos días para asegurarse de que estés entendiendo lo correcto de cada porción.

Haré que haya coherencia entre su pensamiento y su conducta, a fin de que siempre me teman, para su propio bien…
(Jeremías 32:39, NVI)

Dios escoge mejor.

ORACIÓN
—————•—————

Señor, gracias porque no solo me salvas, sino que me das preciosas y espectaculares promesas, que incluyen lo que necesito y más. Hoy, apelando a tus promesas, te suplico ese corazón con un solo propósito: *adorarte por siempre. Y que en esa línea sea coherente lo que pienso y lo que hago. Ahora entiendo que Tú escoges mejor, lo reconozco y te pido que le des forma, llenes y lleves a buen puerto, a Ti, mi existencia por siempre. Recuérdame por medio de tu Espíritu Santo (Proverbios 3:5-7), que cuando yo empiece a apoyarme en mi propio entendimiento, me sea tan incómodo que te reconozca y escoja tu voluntad. Ayúdame por favor a concentrar mis pensamientos en Ti, ya que en Ti confío. Hoy sé lo que eso significa, me entrego a Ti, haz conmigo lo que mejor te parezca. En Cristo te lo ruego, amén.*

La conexión necesaria

¡Ya tengo señal!

———————•———————

Lee Proverbios 22:17-19 antes de comenzar.

> *Escucha las palabras de los sabios; aplica tu corazón a mi en-*
> *señanza. Pues es bueno guardar estos dichos en tu corazón y*
> *tenerlos siempre a flor de labios. Yo te enseño hoy —sí, a ti—*
> *para que confíes en el Señor.*
>
> (Proverbios 22:17-19, NTV)

Quizás en el futuro otras personas leerán este libro y no entenderán la frase «¡Ya tengo señal!». Pero hoy es una escena recurrente y en ocasiones simpática observar a jóvenes moverse con su teléfono móvil en busca del mejor punto para conseguir la señal de Wi-Fi o la 4G de datos para enviar y recibir información. De igual modo, pocas cosas son tan frustrantes como orar a Dios y sentir que tus oraciones no pasan más allá del techo. Estamos hablando de esa sensación de «no tener señal con Dios». Poseemos lo necesario para conectarnos, pero parece que no hay «cobertura» en el cielo (*no* todo México «es territorio…», ¡es lo que vende el comercial!).

Para muchas personas no cristianas —pero también para gran cantidad de creyentes— las referencias de lo que Dios «dice» solo son lo que reciben a través de las «cadenas en chats», lo que ven publicado en redes sociales, o aquellos famosos videos de Internet con música de taichi. Otros casos peores son pedazos de versículos que recuerdan de sus tiempos de escuela dominical cuando eran niños. Pero *pocas cosas son tan peligrosas como no tener una palabra fresca de Dios cada día* y vivir de la «reserva» del domingo o de la palabra que Dios le da a otros.

Por lo general, cuando aconsejo a creyentes me doy cuenta de que hay un creciente número cuyo tiempo a solas con Dios, si les bien va, se resume en alguna de las siguientes cuatro actividades:

1. Leo mi Biblia; no diariamente pero la leo.
2. En las mañanas leo el *Pan Diario* u otro formato de «devocionales» publicados o de alguna *app*.

3. Estoy suscrito a los devocionales de (nombre de algún famoso predicador o ministerio).

4. Dios me ha dicho que (pero la fuente no es la Palabra, sino una buena intención o un buen consejo dado por alguien).

Y la lista crece de forma muy interesante cada año.

Por eso hemos desarrollado un acróstico cuyo propósito es entrenar a las personas a derivar de la Palabra de Dios el *consejo* que necesitan, así como ayudarlas a aplicar esos principios para la gloria de Dios y el bien de su alma. En el Evangelio de Juan se registra que Jesús dijo:

> *Yo soy la vid y ustedes son las ramas. El que permanece en mí, como yo en él, dará mucho fruto; separados de mí no pueden ustedes hacer nada.*
>
> (Juan 15:5, NVI)

Cualquier esfuerzo o acción que procuremos desconectados de Cristo está destinado al fracaso.

Como hemos visto, Él no solo comenzó la *obra* con nuestra *salvación*, sino que la continúa con nuestra *santificación* y promete llevarla a buen puerto hasta Su día (Filipenses 1:6). En el mismo tenor, Jesús mismo nos ofrece un parámetro muy claro acerca de cómo luce permanecer en Cristo.

> *Así como el Padre me ha amado a mí, también yo los he amado a ustedes.* Permanezcan en mi amor. Si obedecen mis mandamientos, permanecerán en mi amor, *así como yo he obedecido los mandamientos de mi Padre y permanezco en su amor.*
>
> (Juan 15:9-10, NVI)

A diferencia de la señal del teléfono móvil, con Cristo no tenemos que andar captándola; la «señal» se activa cuando, rendidos a Él, *andamos en sus mandamientos*. Es la única manera en que se puede iniciar ese proceso de recibir y enviar información, y que completa una *comunicación* sana con Dios.

¿Recuerdas la fórmula del capítulo 1?

Dios dice → es así → y todo termina siendo bueno.

Antes de pasar a revisar algunas áreas muy específicas que necesitan ser transformadas por Dios, quiero mostrarte el acróstico que usamos para enseñar a las personas a ser, moverse, hacer e ir en pos de la Palabra de Dios y en oración (algo que con toda intención he buscado activar al final de cada capítulo). El acróstico es ARDE (#ARDEconDios) y se desprende de Lucas 24:13-32 (NTV), que nos cuenta que una vez resucitado Cristo se le apareció a quienes muchos creen que eran sus tíos, y les habló acerca de cómo los escritos de Moisés, de los profetas y del resto de las Escrituras, *decían acerca de él mismo* (v. 27). Y el versículo 32 señala lo que experimentaban al ver a Cristo anunciado en todas las Escrituras: «*¿No ardían nuestros corazones…?*».

Si cada vez que lees la Biblia no tienes o no procuras ese *ardor en el corazón*, quizá no has identificado aún al protagonista de las Escrituras. Muchas veces leemos la Biblia creyendo que se trata primordialmente de nosotros, y por eso cuando abordamos textos que solo se refieren a Dios, parece que no entendemos nada. Muchas personas que empiezan a leer la Biblia, con la mejor intención comienzan en Génesis, pero al llegar a Levítico o Números (parte del Pentateuco) la mayoría abandona el proyecto porque no comprende su contenido debido a que leen enfocados en sí mismos, con la mente de protagonistas.

> *La Biblia se trata primordialmente de Cristo, Su gloria y el plan de redención que está llevando a cabo; es en esto último donde apenas aparecemos nosotros.*

Una vez que tenemos bien claro lo anterior, ARDE es un esfuerzo que nos ayuda a comprender la revelación de Dios en Su Palabra con el propósito de conocerlo mejor. Cada letra comunica algo que debemos procurar y encontrar en la Palabra durante nuestra lectura:

Atributo de Dios. El Señor se quiere presentar ante nosotros y el modo más claro y seguro de conocerlo es a través de Su Palabra. Dios se presenta a sí mismo y Sus atributos o Sus nombres con los que quiere que lo conozcamos.

Relación con Cristo. Si todo lo que Cristo habló en el camino a Emaús en Lucas 24 se trataba de Él, lo que leemos en la Biblia debe referirse a algo que Él es, que ha anunciado, ha hecho o dicho y hará; a Dios solo se le puede experimentar a través de Él mismo.

Debo quitar o poner. La Biblia habla con indicativos e imperativos (véase el capítulo 2), es decir, dice lo que quiere que sepamos y lo que ordena que hagamos. Son cosas de las cuales debemos despojarnos o a las que hay que asirse, poner por obra y aplicar a nuestro diario andar.

Esperanza (promesas). La Biblia señala que Dios nos ha dado grandes y preciosas promesas que son esenciales para la santificación progresiva en la que Dios nos tiene (2 Pedro 1:4). Incluso los efectos del pecado son como promesas, pero que nos advierten que Dios habló en Su Palabra sobre las consecuencias de «errar en el blanco».

Hagamos un primer ejercicio.

Para empezar, tomemos como base el Salmo 1:1-3 (NVI). Antes de acercarte a la Palabra considera orar con el siguiente salmo:

> *Abre mis ojos para que vea las verdades maravillosas que hay en tus enseñanzas.*
> (Salmos 119:18, NTV)

Y con ese sincero y humilde corazón acerquémonos ahora a Salmos 1 para leer, meditar y tomar de ahí nuestro consejo:

> *Dichoso el hombre que no sigue el consejo de los malvados, ni se detiene en la senda de los pecadores ni cultiva la amistad de*

los blasfemos, sino que en la ley del SEÑOR se deleita, y día y noche medita en ella. Es como el árbol plantado a la orilla de un río que, cuando llega su tiempo, da fruto y sus hojas jamás se marchitan. ¡Todo cuanto hace prospera!

(Salmos 1:1-3, NVI)

Tómate unos minutos y marca lo que veas con la letra correspondiente del acróstico ARDE; por ejemplo: A para un atributo de Dios, D para algo que se debe aplicar a la vida o dejar de hacer, etcétera.

¿Listo?

Adelante.

¿Encontraste un Atributo de Dios?

Sé que es complicado comprenderlo en este primer ejercicio de observación, pero la Palabra siempre comunicará atributos de Aquel que la dio y que no serán fáciles de detectar para muchas personas, porque en su lectura desconectan la Palabra del Dios que la inspiró. Salmos 1 nos comunica acerca de un Dios «deleitoso», alguien sobre quien andar y meditar produce gran deleite. Hace quince años Dios me mostró algo que nunca imaginé gracias a que me lo explicaron muy bien: *Dios es un Dios que nos llama a disfrutarlo por siempre.*

¿Hallaste la Relación con Cristo?

Para quienes poseen un conocimiento más profundo de la Palabra, ciertamente hay una relación entre este texto y la realidad de tener a Cristo como Señor y Salvador, donde entonces es posible abrazar una identidad y vivir *deleitándose en la ley de Dios*; pero eso lo dejaremos para otra ocasión. Por lo pronto, no te preocupes si no hallaste aquí la R.

¿Descubriste algo que DEbes agregar a tu vida o quitar de ella?

Si respondiste *no*, estás en lo correcto. En esta porción de tres versículos no hay realmente un imperativo. Este es un ejercicio que me gusta llevar a cabo con la gente que aconsejo porque le muestra que no necesariamente deben integrarse todas las letras de ARDE en cada porción. Habrá porciones en las que no sean tan evidentes o definitivamente no aparezcan, pero lo harán en la que sigue. Sin embargo, existen virtudes que debemos considerar; por ejemplo: ¿en qué meditas? (v. 2) o ¿con quién andas? (v. 1).

Repasemos de nuevo el Salmo 1:1-3 y cuestionemos un poco: ¿encuentras pecados de los cuales debes arrepentirte? (lo que debes quitar; letra D del acróstico).

En consejería me resulta muy interesante descubrir, a estas alturas, cómo ciertas personas empiezan a darse cuenta de que la Biblia habla de cosas o de situaciones que desconocían o no consideraban y entonces reconocen que no están haciendo lo que dice la Palabra. Comienzan a mencionar situaciones como las siguientes:

- «He seguido el consejo de gente mala».
- «He cultivado amistad con quienes se burlan de Dios y de sus temas».
- «La ley del Señor no es mi deleite».
- «No medito en la Palabra».

¡Así es como se empieza a constatar el avance! Es Dios enseñando cómo quiere que nos relacionemos con Él y con Su Palabra. Por lo tanto, no es *leyendo* la Biblia solamente, sino *meditando* en ella todo el tiempo (en este punto se basa el ejercicio de «Confiar» correspondiente a la TÁCTICA de esta semana); de modo que el creyente no medita en la Palabra por mera disciplina intelectual u obligación cristiana, sino porque «es su deleite».

¿Puedes descubrir en el Salmo 1:1-3 alguna ESPEranza o alguna promesa? Estas son muchas veces más sencillas de encontrar.

¡Todo cuanto hace prospera!

¿Notaste que esta porción inicia con una promesa?

Dichoso el hombre que…

Dios determina que la persona que vive conforme a la verdad que está en esos sencillos versículos será *dichosa, muy feliz; felicísima* sería una traducción más apropiada del original escrito en hebreo (expresión irónicamente muy del estilo del *Chavo del Ocho*).

Así que, *grosso modo*, ya tenemos una guía bíblica acerca de cómo podemos y debemos acercarnos a la Palabra, con el sincero interés de saber lo que Dios quiere decirnos para recibir Su Palabra y Su consejo porque Él quiere guiarte. De esa idea adoptamos el nombre para nuestra conferencia de consejería bíblica «Con Tu consejo», en la que cada año entrenamos a cientos de personas en el conocimiento y en el uso de la Palabra para buscar seguir «Su consejo» para nuestro beneficio y para servir a otros en su diario vivir, con el fin de que todos seamos guiados por el consejo que permanece para siempre: el de Dios. La base bíblica del nombre de la conferencia la encontramos en las palabras del siguiente salmo:

Me guías con tu consejo y me conduces a un destino glorioso.
(Salmos 73:24, NTV)

Ya que estamos seguros de que Dios quiere guiarte, también sabemos que te proveyó Su Palabra, inspirada por Su Espíritu Santo. Ahora que ya sabes cómo recibir información «del territorio de arriba», viene el desafío real:

Ponerlo en práctica,
o como muchos lo llaman: aplicar.

En México tenemos un remedio para la congestión nasal (seguramente habrá uno parecido en cada país) que las mamás o las abuelitas acostumbraban «aplicar» como ungüento en el pecho, en la espalda y en la nariz de algún familiar que enfermaba de gripe o catarro. Se espera que sus componentes (entre ellos alcanfor, eucalipto y mentol), además de absorberse en el organismo para mejorarlo, liberaran un aroma que el enfermo debía respirar con el fin de sentir alivio. (Recurro a este ejemplo para vincularlo con otra idea más adelante). Una de las materias que imparto en el seminario es predicación, y durante el primer semestre es hermenéutica. Un concepto que me gusta aclarar al final del semestre es que si eres un experto en Biblia, ya estás en el «nivel demonio» (Santiago 2:19), porque ellos también saben mucho de Biblia, mucho más que algunos cristianos, pero el problema es que ellos no creen de un modo bíblico coherente.

¿Sabías que cometemos muchas veces el error de no usar la Biblia «bíblicamente»?

La fe bíblica que plantea Dios a través de Santiago en este caso es una fe que se ve (Santiago 2:20, 21, NVI). Para ser claros, asienta:

> *Pues, como el cuerpo sin el espíritu está muerto, así también la fe sin obras está muerta.*
>
> (v. 26)

La Biblia no es un libro solamente para ser leído, sino para ser vivido.

Pero al igual que el ungüento de la abuelita (el famoso VapoRub), que al aplicarlo en el pecho e inhalarlo ayudaba a la descongestión nasal y aliviaba y permitía una respiración liberadora, así también *la Palabra aplicada al corazón empieza un proceso de liberación que resulta en una fe viva*. En el capítulo anterior hablamos acerca de cómo luce confiar en Dios, así que una vez afectado el corazón por la Palabra, este empieza a seguir y a querer hacer la voluntad de Dios. Realmente es un nuevo deseo que Dios pone en quienes seguimos a Cristo, ya que Cristo mismo fue quien diseñó que así fuera. Juan lo registra de la siguiente forma:

> *Yo no puedo hacer nada por mi propia cuenta; juzgo según Dios me indica. Por lo tanto, mi juicio es justo, porque llevo a cabo la voluntad del que me envió y no la mía.*
> (Juan 5:30, NTV)

Si nos erigimos como cristianos no solo es porque leemos y disfrutamos la Palabra, sino porque anhelamos y procuramos ponerla en práctica, y vivirla. Cristo lo dice muy claramente:

> *Si sabéis esto, seréis felices si lo practicáis.*
> (Juan 13:17, LBLA)

Lamentablemente, con el transcurrir de los años, he presenciado el triste final de quienes, llamándose cristianos, nunca han tenido una relación sustancial con la Biblia, algo más allá de saberse de memoria sus libros completos, pues no aportan evidencia de que esos versículos memorizados hayan transformado sus vidas y los hagan más *a la imagen de Cristo*, que es el objetivo de la vida cristiana en Él (Romanos 8:28, 29). Quizás hubo en estos cristianos un tiempo en el que mantuvieron una relación activa con la Palabra, pero hoy día solo viven de recuerdos; por ejemplo, de la primera Iglesia a la que «antes» pertenecieron, de los tiempos «antes» de tal pastor, de los estudios «antes» del grupo de jóvenes. Ese «antes» en sus vidas bien pudo significar tiempos de fe y de arrepentimiento, de disfrute y de fruto, pero por alguna razón en el «ahora» todo ha cambiado; están como «atrapados en los ochenta» (por decirlo de alguna manera) y viven del «recuerdo espiritual», pero no se hallan en un «presente deleitoso en Cristo». Viven de viejas glorias en lugar de seguir anhelando más de Su gloria hoy.

> *El «ciclo de la vida» de la relación*
> *con la Palabra avanza bonito cuando*
> *nos dirige hacia un «poner en práctica»*
> *lo aprendido, visto o conocido.*

Necesitamos entender que nuestro llamado es a ser testigos (Hechos 1:8). Por definición, un testigo es alguien que ha presenciado o que tiene evidencia de un hecho. Por eso, amigos míos, antes de hablar de este texto, antes de publicarlo en redes sociales o *retuitearlo*, es importante que lo atesoremos en el corazón y que sea algo funcional, esto es, una verdad que se vive día con día. Solo así nuestro testimonio será más real y coherente.

Tim Tebow[1] comentó en una entrevista: «Estoy convencido de que la mejor manera de testificar del evangelio es viviéndolo, modelándolo». Tim tiene razón.

Aunque yo agregaría que el elemento necesario en la ecuación *Dios > yo* para tener el poder de ser y hacer lo que el Señor nos ha llamado a ser es *la oración* (hay muchos y muy brillantes libros acerca del tema). Te confieso algo que sé por experiencia: tú puedes leer los más deliciosos libros sobre la oración y tener una «vida de oración» anémica, lejana y pobre. Personalmente creo que la oración más *cristocéntrica* de supraexaltación a Dios y bíblicamente saludable nos la mostró Cristo en el huerto de Getsemaní (Mateo 26:36-46).

En el relato, Cristo va llegando a uno de los escenarios más críticos del plan de redención y está junto a su «círculo interno» de discípulos, a quienes les pide que lo acompañen a orar. Me gusta cómo *Él nos enseña en tantas porciones la importancia de no pelear solos, de que*

---

[1] Exjugador de futbol americano con los equipos Broncos de Denver y Patriotas de Nueva Inglaterra; actualmente es jugador profesional de béisbol con los Mets de Nueva York.

ciertamente la vida en Cristo se vive en comunidad. Jesús fue a la cruz en absoluta soledad para que nosotros no tengamos que estarlo. Su oración, a la que yo denomino «oración de rendición», nos enseña un corazón más allá del pedir, o de encomendarnos, o de suplicar. Cristo hizo una corta oración:

> *¡Padre mío! Si es posible, que pase de mí esta copa de sufrimiento. Sin embargo, quiero que se haga tu voluntad, no la mía* (Mateo 26:39, NTV)

Sin importar la hora, la forma o la sustancia de la petición, con esa oración aprendemos dos cosas:

1. Podemos acercarnos con confianza a Dios, y como sus hijos pedirle con total confianza.
2. Pero al final del día nuestro mayor deseo deberá ser que se haga Su voluntad, no la nuestra.

¿Puedes descubrir qué tan útil es conocer Su voluntad? Sabemos por Romanos 12:2 que posee tres atributos:

- Es buena
- Es agradable
- Es perfecta

Por lo tanto, si has *nacido de nuevo*, ya comprobaste que nuestra voluntad (sin Cristo) es lo opuesto:

- Es mala
- Al final no nos agradará
- Es incompleta o deficiente

Por lo tanto, orar de forma consciente y madura va de la mano de conocer a Dios, de vivir Su Palabra, de reconocer en ella Su voluntad; y al orar, debemos rendir nuestra voluntad a la Suya. Dios siempre garantiza que si perseveramos en ello, Él nos llevará a buen puerto.

> *Pero quien se fija atentamente en la ley perfecta que da libertad, y persevera en ella, no olvidando lo que ha oído, sino haciéndolo, recibirá bendición al practicarla.*
> (Santiago 1:25, NVI)

No perdamos esa conexión con la señal del Único que es poderoso para terminar la obra que empezó, y no solo eso, sino que es Quien alegremente lo hará.

> *Y ahora, que toda la gloria sea para Dios, quien es poderoso para evitar que caigan, y para llevarlos sin mancha y con gran*

alegría a su gloriosa presencia. Que toda la gloria sea para él, quien es el único Dios, nuestro Salvador por medio de Jesucristo nuestro Señor. ¡Toda la gloria, la majestad, el poder y la autoridad le pertenecen a él desde antes de todos los tiempos, en el presente y por toda la eternidad! Amén.

(Judas vv. 24, 25, NTV)

TÁCTICA 5

TEMA. Resume en cinco renglones como máximo lo que aprendiste en este capítulo y el tema que debes trabajar en tu vida, con base en lo que entendiste esta semana. Piensa cómo ha sido tu relación con Dios hasta hoy. ¿Es activa en escucharlo y responder, en orar y recibir dirección, y obedecerla; o es lejana, rutinaria o está en desobediencia abierta (donde Él habla, pero no hay respuesta de tu parte para seguir Su consejo)?

_____

_____

_____

_____

_____

ATESORA. Memoriza Proverbios 22:17-19 (NTV).

Escucha las palabras de los sabios; aplica tu corazón a mi enseñanza. Pues es bueno guardar estos dichos en tu corazón y tenerlos siempre a flor de labios. Yo te enseño hoy —sí, a ti— para que confíes en el SEÑOR.

CORREGIR. ¿Qué cosas deben corregirse en tu vida ante la verdad que pronuncia el texto bíblico de esta semana?

_____

_____

_____

_____

_____

TRANSCRIBIR. Transcribe con tus palabras Proverbios 22:17-19.

_____

_____

_____

_____

_____

_____

INTEGRAR. ¿¿Cómo sería tu vida en acciones concretas si creyeras que este texto es verdad y lo aplicaras?

_____

_____

_____

_____

_____

_____

_____

CONFIAR. Ponte un recordatorio con el que siete veces al día te lleve a leer tu trascripción y tu integración que con sinceridad expresaste en los puntos anteriores.

APLICAR. Registra siete acciones en las que aplicaste lo que aprendiste esta semana:

1. _____

2. _____

3. _____

4. _____

5. _____

6. _____

7. _____

APLICACIÓN MILLA EXTRA (AME)

Usa el libro de Salmos, Proverbios o el Evangelio según Marcos para tener un tiempo con Dios y con Su Palabra en oración; registra si encuentras elementos del acróstico ARDE y cómo los estás aplicando en tu vida (descríbelo). Antes de la próxima reunión, envía a tu pastor o consejero los tres principales ejercicios de tu vida acerca de lo que Dios te mostró esta semana.

Antes de continuar con el siguiente capítulo, es importante que vayas ejercitándote en esta conexión, ya que empezaremos a tocar temas muy puntuales de la voluntad de Dios para nuestra vida en Él y necesitarás tener tu «fondo de confianza en Dios» bien lleno para los retos que se avecinan. Comienza a orar conforme a Isaías 26:8; pide que Dios te conceda el deseo por Él, por Su voluntad, y la confianza y la fortaleza para poner Su verdad en práctica.

La clave es desear lo correcto, desear Su voluntad, desearlo a Él.

SEÑOR, mostramos nuestra confianza en ti al obedecer tus leyes; el deseo de nuestro corazón es glorificar tu nombre.
(Isaías 26:8, NTV)

ORACIÓN

———— • ————

Dios, gracias. Antes tenía una idea equivocada de lo que signifi-caba una relación contigo. Ahora entiendo que en mi arrogancia ciega yo era dios y te veía como una figura a la cual acudía en casos de emergencia o con quien trataba acorde con mi voluntad. Per-dóname. Ahora sé que mi confianza en Ti crecerá en directa pro-porción a una saludable relación y acción en tu Palabra. Concédete a Ti mismo a mi corazón cada día y pon en él un deseo que solo encuentre descanso cuando haya escuchado tu voz y obedecido a tu buena voluntad, que confío en que terminará agradable para mi alma y es perfecta para mí. No puedo hacerlo solo, necesito de Ti. Ayúdame. En el nombre de Cristo, te lo ruego, amén.

6

La intervención y la nueva misión

Intervención: Acción de intervenir algo
con la misión de ordenarlo.

———— ▪ ————

Lee Lucas 8:26-39 antes de comenzar.

> *La gente salió corriendo para ver lo que había pasado. Pronto*
> *una multitud se juntó alrededor de Jesús, y todos vieron al*
> *hombre liberado de los demonios. Estaba sentado a los pies de*
> *Jesús, completamente vestido y en su sano juicio...*
> (Lucas 8:35, NTV)

¿Recuerdas cómo estaba la tierra antes de que Dios empezara Su diseño?

Desordenada y vacía. Lucas nos ofrece el relato de una persona a quien los efectos de una vida desordenada la han controlado por completo, empezando por su propio

155

juicio o su toma de decisiones y terminó convertido en el terror de una comunidad (Lucas 8:26-39). Podrías pensar que aún no llegas a tanto, pero es necesario que sepas hasta dónde eres capaz de hacerlo y terminar con un estilo de vida afectado por un diseño opuesto a lo que Dios enseñó en el primer capítulo del Génesis.

Dios dice → es así → y todo termina siendo bueno.

Este amigo de quien te voy a contar ahora experimentó una de las últimas fronteras de lo opuesto al diseño original de Dios.

Ha pasado mucho tiempo desde que su familia desistió en ayudarlo. Aunque alguna vez compartió la mesa en paz con ellos, hoy se ha convertido en el «loco del pueblo», en el personaje con quien las mamás amenazan a sus pequeños de que si se portan mal, él vendrá a buscarlos. Muchas personas lo conocen como el «monstruo del panteón», el lugar donde ahora vive. Si prestas atención a ciertas horas de la noche, lo verás a lo lejos. Dicen que la guardia de la ciudad ya ha intentado ponerlo bajo custodia y llevárselo, pero de manera sobrenatural rompe cadenas y grilletes como si fueran hilos y escapa rumbo al desierto. Hay quienes afirman que en su interior alberga demonios, otros sostienen que es el mismísimo diablo.

Pero tú y yo sí sabemos qué moraba en sus adentros y lo dominaba.

Lo cierto es que deambulaba desnudo y su comportamiento era como el de un animal. Ya no tiene hogar y ahora vive en el cementerio, a las afueras de la ciudad, sitio apropiado para alguien a quien su familia probablemente ya da por muerto. Desde hace tiempo se convirtió en un individuo peligroso para sí mismo y para quienes lo aman. Muchos se preguntan cuándo dejará de existir, ya que piensan que su muerte será el único remedio para que consiga vivir en paz. Si hay alguien de quien todo el pueblo ya perdió las esperanzas de que cambie o se salve, es él. Es triste constatar cómo sus parientes prefirieron no hablar del tema, por lo que para muchos se han convertido en la burla del barrio. *Mira, ahí va la mamá del loco del panteón*, se murmura en el mercado cuando la señora va de compras. Y en la escuela, el hijo de este hombre prefiere decir que su papá murió; es mucho más fácil considerarlo de ese modo, ya que se cansó de defender o justificar a su progenitor, cuya mirada dejó de ver hace mucho tiempo, y quien hoy es una mezcla de leyenda, historia de terror y amenaza en todo Decápolis.

—*Un caso perdido* —dicen muchos.

—*Ya no hay nada que hacer con él* —opinan otros.

Pero como diría un conocido superhéroe mexicano: «No contaban con Su astucia». Bueno, resulta que a la distancia se observa una barca que se acerca a la orilla de este lado del mar de Galilea. Es extraño, pues la viene tripulando un puñado de hombres, entre los cuales al parecer se encuentra el hijo del carpintero, ese nazareno que está causando tanta controversia. Hay quienes aseguran que es el Mesías, pero ya en Jerusalén se rumora que los principales religiosos no están muy contentos con Él. Cuentan que hace poco, no muy lejos de aquí, alimentó a 5 000 hombres y a sus respectivas familias con tan solo el *lunch* de un niño pequeño. No es muy claro de quién se trata en realidad, pero lo más extraño es que haya cruzado en barca hacia la ciudad de Gadara. Ese lado, digamos, no es muy popular entre los judíos, por la mezcla de razas y trasfondos que imperan allí, y por la cría de ganado porcino, principal actividad comercial del lugar, que obviamente no es de su agrado. Por lo tanto, es muy extraño ver a Jesús, el Nazareno, llegar a esas tierras.

Al atracar la pequeña embarcación y descender de ella, a lo lejos se ve al «loco» salir del cementerio a toda velocidad, como si se dispusiera a abalanzársele (al menos eso parecía). Sin embargo, al llegar frente al nazareno —quien según algunos es el Mesías esperado— extrañamente se postra delante de Él y grita:

> *¿Por qué te entrometes, Jesús, Hijo del Dios Altísimo? ¡Te ruego que no me atormentes!*
> (v. 28, NVI)

Es curioso que los demonios cumplan el patrón de su naturaleza caída al hacerse las víctimas en boca de aquel poseído. A este prácticamente le han deshecho la vida y ahora resulta que al ver a Jesús no solo lo reconocen, pues lo llaman «Hijo del Dios Altísimo», sino que irónicamente le ruegan no ser atormentados. Ellos han atormentado a esa persona y además no solo a su familia, sino a toda una comunidad. ¡Y se hacen las víctimas! Al parecer, Jesús realizó la travesía para intervenir en la vida de este «monstruo», y ordenó al espíritu maligno abandonar su cuerpo. Es como si el jefe hubiera llegado y al percatarse del daño comenzara a dar instrucciones para repararlo.

¿Cómo te llamas?, preguntó Jesús, como quien quisiera saber el nombre de un empleado subordinado. Porque sabemos que Satanás, por más que las caricaturas quieran considerarlo como el archirrival de Dios, más

bien es un ser creado por Él, que sirve a Sus propósitos y no hace nada sin pedirle permiso (Job caps. 1 y 2). En esta historia los demonios solicitarían otra autorización.

Legión es el nombre que pronunciaron los labios del desdichado, pues a su cuerpo habían entrado muchos demonios. Esto es impresionante porque, en tiempos del Imperio romano, una legión era un regimiento militar. El término se asocia con la agrupación de 10 compañías de aproximadamente 500 hombres cada una, por lo que, si atendemos esa lógica, en promedio hablamos de 5 000 demonios habitando aquella alma. Adquiere mucho sentido dimensionar esa cantidad.

Luego de ser expulsados del cuerpo del hombre, los seres malignos suplicaron a Jesús que los dejara habitar en una manada grande de cerdos que rondaba cerca, y Él se los concedió. Al mudarse a esos animales, estos se precipitaron por un despeñadero y se ahogaron. En esencia, esa es la intención de Satanás: destruir la creación de Dios. El ahora «exloco del panteón» le servía primero más como agente de terror y de miedo en la ciudad, pero con los cerdos, aunque eran de poca utilidad, el fin habría sido el mismo: *destrucción*.

Al presenciar aquel panorama y constatar el evidente poder de Jesús, la gente a cargo de cuidar al ganado porcino dio aviso a todos los habitantes de la ciudad para que salieran a ver lo que acababa de acontecer. ¡Sorpresa! El antes llamado «monstruo del panteón» ahora se hallaba sentado a los pies de Cristo, controlado y enfocado; lo opuesto a lo ingobernable que era (v. 35).

Un elemento común que tristemente veo en procesos de consejería es que todo empieza a caerse cuando la persona cambia de protagonista en la conversación que tiene consigo; pasar del «Dios me dijo», «Me recordó que…» o «No sabía que Él quería…» y «Me asombra cómo Él…», es decir, un diálogo en el que Dios habla y uno está bajo Su instrucción, controlado y enfocado, para, de un momento a otro, caer en el engaño de saturarlo con argumentos como «No puedo», «Es que lo que hice…», «Siento….», «No creo que pueda…», «Nadie me entiende…», etcétera. Con esto último, *el individuo se asume como protagonista y donde la principal fuente de perspectiva ya no es Dios y Su Palabra, sino «yo y lo que siento» (olvida que justamente eso lo llevó a los momentos más críticos y vergonzosos de su vida).*

Una evidencia puntual de que Cristo está interviniendo una vida para salvarla es que Él es quien tiene la última palabra y uno responde a lo que dice, no a lo que uno piensa; a lo que quiere, no a lo que uno desea; a Su persona y a Su obra, no a nuestra idea y a nuestra percepción sin Él en la ecuación.

La evidencia de que el antes loco y ahora sano quedó restaurado por la intervención de Cristo se puede constatar en dos elementos muy claros:

- Su vestimenta. La desnudez desde Génesis 3 se volvió un símbolo de vergüenza, porque aquella confianza entre ambos humanos se convirtió en vergüenza. Esta historia es un retrato de lo que Cristo hace al salvar y ser Señor en la vida de una persona: antes estábamos expuestos y queriendo cubrir nuestra vergüenza y nuestra desconfianza; ahora, en Cristo, Él es quien nos cubre.
- Su sano juicio. Lo cual significa tener la mente cabal o sana.

La decisión más cabal
o en sano juicio que alguien puede tomar
es estar a los pies de Cristo.

De repente el loco ya estaba sano. El que causaba temor recuperaba su juicio cabal. Quien era ingobernable se hallaba perfectamente quieto y atento. Lo extraño es que la gente de la ciudad tuvo miedo al salir y atestiguar lo ocurrido, y en lugar de pedirle a Cristo que se quedara y los ayudara, lo corrieron rogándole que se marchara.

Es interesante cómo hoy existen personas a las que Jesús pareciera que no les conviene. Pueden ser diferentes las razones por las cuales lo expulsaron de Gadara —la Biblia no ofrece detalles al respecto—, pero sí vemos a una comunidad que lo rechazó en ese momento. Quien había sido el loco del pueblo, al ver a Jesús regresar a la barca, obviamente quería irse con Él. Le *rogaba* para acompañarlo (v. 38). Esto era muy lógico, pues había perdido todo y en apariencia no tenía a dónde ir. Te imaginas si quisiera buscar trabajo, ¡qué currículum mostraría! ¿Qué diría en la entrevista con recursos humanos? Algo así como: «¿Recuerda al monstruo del panteón? Bueno, pues ese fui yo durante mucho tiempo». Así que resultaba lógico que deseara marcharse con Jesús, porque solo Él pudo *sanarlo*.

Ahora bien, aquí hay que destacar tres cosas de alguien que ha sido «sanado por Cristo», tres aspectos que no debemos olvidar, porque cuando lo hacemos nos encasillamos en la clase de creyentes de la iglesia de Éfeso a los que Dios les habla en Apocalipsis:

Pero tengo una queja en tu contra. ¡No me amas a mí ni se aman entre ustedes como al principio! ¡Mira hasta dónde has caído! Vuélvete a mí y haz las obras que hacías al principio. Si no te arrepientes, vendré y quitaré tu candelabro de su lugar entre las iglesias.

(Apocalipsis 2:4-5, NTV)

1. Cuando una persona ha sido sanada por Cristo, su principal deseo es estar con Él (una combinación de honra, dependencia y gratitud).
2. Una persona sanada por Cristo sabe que no tiene otra opción; antes creía que sí, pero se ha dado cuenta de que Cristo es para el alma lo que el oxígeno es para el cuerpo; por lo tanto, ruega estar con Él.
3. El ruego no solo es «déjame seguir escuchándote», sino *quiero estar contigo* (RVR1960).

Cuidémonos de que, una vez sanos, nuestros tiempos de devoción o de lectura de la Biblia adquieran un interés falso de simple obtención de conocimiento, o solo un medio para obtener cosas de Dios, y no un deseo real y ferviente de *estar con Él.*

Un desenlace feliz sería que Jesús se llevara consigo al hombre en cuestión y lo integrara su equipo con los brazos abiertos; pero no fue así, la historia acabó de una forma algo extraña: Jesús lo despidió. Hay mucho que aprender de este «adiós», porque no es un adiós simple y llano, sino el encargo de una misión, de una encomienda. El Señor le dijo:

> *Vuelve a tu casa y cuenta todo lo que Dios ha hecho por ti.*
> (v. 39, DHH)

Así que el hombre se marchó y proclamó por todo el pueblo lo mucho que Jesús había hecho por él. Hay muchas joyas en esta pequeña porción:

a. El endemoniado gadareno salvado por Jesús ciertamente fue de los primeros *enviados* a anunciar lo que el Salvador hizo. Pero, ¿sabes adónde Dios lo envió primero? A su casa.

> *Vuélvete a tu casa, y cuenta cuán grandes cosas ha hecho Dios contigo.*
> (v. 39, RVR1960)

Muchas personas quieren cruzar el océano para ir a compartir el evangelio a otros, pero ¿por qué no empiezan en sus casas, anunciando y haciendo evidente cuán grandes cosas ha hecho Dios con ellos? Y quién sabe si, quizás, al ser fieles en lo poco, Dios los envíe a cruzar el océano para anunciar Sus buenas nuevas de salvación *hasta lo último de la tierra* (Hechos 1:8).

b. Su casa pertenecía a una comunidad que escuchó y supo cuán grandes cosas hizo Dios con él.

El hombre no solo lo anunció en su casa, que de por sí aquello tuvo que haber sido todo un acontecimiento familiar. ¿Te imaginas llegar y tocar la puerta, y que su gente abra y lo vea de nuevo, pero ahora libre, sano y salvo? Creo que para ellos resultaba evidente lo que Dios había hecho con él. Pero este último no solo se conformó con eso, sino que optó por la milla extra y se encargó de que todo el pueblo supiera lo que Dios había hecho. Fue la milla extra muy al estilo de lo que a Jesús le agrada (Mateo 5:41). Pocas personas practican la milla extra a la manera de Jesús. Muchos se conforman con hacer lo mínimo; solo lo que se requiere. Pero en todas las áreas de su vida, este hombre que estuvo loco hizo más de lo que le pidieron, y como fruto de eso, años después, los apóstoles irían a Decápolis y el testimonio de ese hombre habría preparado el terreno para que muchos habitantes de esa comunidad respondieran al evangelio de salvación en Cristo. No sabemos ni imaginamos si la decisión y el esfuerzo de hoy pueden ser la semilla que Dios use para producir muchos frutos mañana.

c. Un exendemoniado de repente tiene una mejor teología práctica que muchos cristianos, porque:

1. Obedece la instrucción de Dios sin chistar. No se registra al sanado negociando con Cristo, ni poniendo excusas o haciendo berrinche, ni mucho menos «orando para ver si es la voluntad de Dios que obedezca». Hubo una instrucción concreta: *ve y anuncia* (haz evidente) *cuán grandes cosas ha hecho Dios contigo.* Y él obedeció. Esto es la viva imagen de oír y hacer (Mateo 7:24-27).

   Pongámoslo en los siguientes términos: un hombre que no tiene seminario bíblico, no sabe idiomas originales, no tiene Internet para ver «conferencias» en YouTube (por cierto, YouTube es un mal lugar para «congregarte»), etcétera. Él rápidamente *obedeció*, y no solo en su casa, sino que habló de la obra de Dios por ¡toda la ciudad!

   Somos muchos exendemoniados, o guiados por Satanás a los desiertos para destruirnos, los que hemos sido salvados por Jesús; por lo tanto, ¿cuán grandes cosas has testificado de Dios en tu familia?

2. Hila los puntos importantes de manera gloriosa. Recibió una instrucción: *Vuelve a tu casa, y cuenta todo lo que Dios ha hecho por ti.* Y retornó, *proclamando por la ciudad todo lo que Jesús había hecho por él.* Incluso a los discípulos se les complicaba hilar que Jesús era Dios. Pero un exendemoniado y a la postre misionero habría de vincular los puntos mejor que nadie. Antes, él era ya un caso perdido, sin esperanza. Tal vez eso se parezca un poco a tu vida. Sin embargo, el Señor intervino y apareció en la escena, y de repente *el héroe Jesús vino al rescate del cautivo y lo salvó.* Su vida no volvería a ser la misma.

Al final de la historia Jesús no lo despidió con las palabras: «No te quiero ver más»; por el contrario, aquella encomienda significaba la certeza de que Él estaría con ese hombre, ahora «siervo enviado». Así lo prometería más adelante a aquellos que harían la obra para que otros conocieran a Cristo.

Tú y yo necesitamos entender algo:

*Solo con la presencia de Dios
en nuestra vida, y su misericordia diaria
y eterna, podemos vivir sanos
y salvos.*

Lucas registra cuando Jesús habló del peligro de ser sanado y ordenado por Cristo, pero no vivir en conexión con Él.

> Cuando un espíritu maligno sale de una persona, va al desierto en busca de descanso, pero como no lo encuentra, dice: «Volveré a la persona de la cual salí». De modo que regresa y encuentra que su antigua casa está barrida y en orden [lo que hace Dios]. Entonces el espíritu busca a otros siete espíritus más malignos que él, y todos entran en esa persona y viven allí. Y entonces esa persona queda peor que antes.
>
> (Lucas 11:24-26, NVI)

¿Cómo se describe la casa, el corazón y el alma de una persona liberada de la opresión demoniaca, pero aún sin Cristo? Como *barrida* (limpia) y en *orden*, pero *no habitada* (Mateo 12:44 añade *desocupada,* cp. Romanos 8:11). Cabe entonces la pregunta: ¿Cómo puede Cristo habitar en mí? ¿Cómo puedo estar conectado con Él?

La Biblia nos da la respuesta; por ejemplo, en palabras del apóstol Juan:

Nadie ha visto jamás a Dios. Si nos amamos unos a otros, Dios permanece en nosotros, y su amor se ha perfeccionado en nosotros. *En esto conocemos que permanecemos en él, y él en nosotros, en que nos ha dado de su Espíritu. Y nosotros hemos visto y testificamos que el Padre ha enviado al Hijo, el Salvador del mundo. En todo aquel que confiese que Jesús es el Hijo de Dios, Dios permanece en él, y él en Dios. Y nosotros hemos conocido y creído el amor que Dios tiene para con nosotros. Dios es amor; y el que permanece en amor, permanece en Dios, y Dios en él. En esto se ha perfeccionado el amor en nosotros, para que tengamos confianza en el día del juicio; pues como él es, así somos nosotros en este mundo.*

(1 Juan 4:12-17, RVR1960)

La batalla espiritual es real: alguien te quiere destruir; Dios te quiere salvar. Por lo tanto, necesitamos «estar desesperados por Dios». Cada mañana, despertar con la conciencia de que separados de Él nos hallamos en riesgo mortal y demasiado expuestos, pero al mismo tiempo confiar y caminar con la certeza de lo que Él nos ofrece en Romanos 8:31-39: *ni principados ni potestades nos podrán separar del amor de Dios que es en Cristo Jesús, Señor nuestro.*

En el siguiente y último capítulo aprenderemos que Su Palabra no solo nos da vida, sino que nos sostiene con vida por siempre.

> *Jamás me olvido de tu Palabra, pues ella me da vida.*
> (Salmos 119:93, TLA)

A través de Su Palabra nos ha hecho *nacer de nuevo* para ser restaurados a Su diseño original, a Su creación; funcionales para Él, para disfrutarlo y para amarlo por siempre.

> *En el ejercicio de Su voluntad, Él nos hizo nacer por la palabra de verdad, para que fuéramos las primicias de sus criaturas*
> (Santiago 1:18, NBLH).

La historia del endemoniado gadareno nos enseña, entre otras cosas, tres maravillosas verdades con respecto a Cristo:

1. Él estuvo dispuesto a viajar todo un trayecto por amor a uno, a quien aun su comunidad ya daba

por perdido. Dejó Su trono en los cielos para venir y habitar entre nosotros con el fin de pagar la deuda de nuestros pecados y redimirnos para siempre.

2. Él es el Único poderoso para intervenir a favor de la salvación y la sanación de nuestras vidas.

3. Él es Dios. Es gloriosa la noticia de que Dios mismo está comprometido desde el día uno con Su creación. No es un Dios lejano a quien no le importa lo que sufres. Por el contrario, es un Dios que hoy está dispuesto y poderoso para salvar.

Con eso en mente, vayamos a la TÁCTICA de esta semana.

TÁCTICA 6

TEMA. Resume en un enunciado o en un párrafo lo que aprendiste de este capítulo.

_____

_____

_____

_____

_____

ATESORAR. Salmos 119:92, 93 (NTV).

Si tus enseñanzas no me hubieran sostenido con alegría, ya habría muerto en mi sufrimiento. Jamás olvidaré tus mandamientos, pues por medio de ellos me diste vida.

CORREGIR. ¿Cómo sería tu vida si esa porción fuera verdad para ti? ¿Qué cosas específicas serían distintas si pusieras en práctica esos preceptos?

TRANSCRIBIR. Salmos 119:91-94 (NTV).

_____

_____

_____

_____

_____

_____

_____

_____

CONFIAR. Establece tus alarmas diarias para toda la semana; medita y lee en voz alta (para ti) lo que transcribiste y concluiste que debes corregir con base en lo que aprendiste esta semana.

APLICAR. Registra siete evidencias de que esto último ya lo has aplicado en tu vida durante la semana; cosas en las que ves a Dios hacer sobre lo que antes no creías o en las áreas donde ya habías perdido la esperanza.

1. _____

2. _____

3. _____

4. _____

5. _____

6. _____

7. _____

APLICACIÓN MILLA EXTRA (AME)

- Sigue leyendo el Evangelio de Marcos. Si es posible, un capítulo diario.

- ¿Ya notas en tu vida atributos de alguien que ha sido sanado por Cristo?

- ¿Estás siendo controlado por Él? Antes eras ingobernable, sin vergüenza o desconfiado con Dios y con otros.

- ¿Deseas estar con Él y cumples la encomienda de que otros puedan saber cuán grandes cosas ha hecho Dios contigo?

Empieza a orar por oportunidades para anunciar a otros a nuestro redentor, porque *Cristo es mejor*. Estamos hechos para algo mucho más gloriosamente eterno de lo que a veces nos conformamos con tener o experimentar. Pero necesitamos que Cristo intervenga. Él es nuestra única esperanza, porque de Su Palabra y de Su poder dependemos y en Su obra está nuestra confianza.

ORACIÓN

━━━ ● ━━━

Redentor y Rey: gracias por aparecer y revelarte en mi vida como lo que mi ser necesitaba con urgencia. En el camino a mi autodestrucción tu misericordia me salvó. Y hoy no solo estoy sano y salvo por Ti, sino que tengo una misión: vivir de tal modo que el mundo, empezando por mi casa, pueda ver cuán grandes cosas has hecho por mí y quieres hacer con ellos también. Dame, te suplico, la fe de saberme necesitado de Ti cada mañana, que no pueda estar en paz sin haberte buscado, sin meditar, y guardar más tu Palabra, ya que eso me da vida. Gracias por venir a mi vida, la rindo a Ti y te ruego que hagas lo que tengas que hacer para habitar en ella. Soy tuyo. Por la obra de Cristo y confiando en Él, me encomiendo a Ti, amén.

Lo que el enemigo no quiere que sepas

Cuando conoces las estrategias,
empiezas a ver las tendencias.

———— ▪ ————

Lee Efesios 6:10-18 (NTV) antes de comenzar.

Pónganse toda la armadura de Dios para poder mantenerse
firmes contra todas las estrategias del diablo.
(Efesios 6:11, NTV)

Durante la década de los años sesenta, Eli Cohen fue pieza clave para la victoria de lo que se conocería como la «Guerra de los Seis Días». Formado desde joven como espía, se infiltró en la milicia y en el poder enemigos para permitir que el ejército israelí ubicara, entre otras cosas, los búnkeres rivales de modo que fueran bombardeados. Nosotros los creyentes sostenemos una lucha contra el *adversario*: el diablo, por lo cual la Biblia nos insta a aprender a conocer su «agenda» y sus estrategias con el fin de que identifiquemos la manera en que atacará, y de que permanezcamos preparados, equipados y *firmes*, como señalan las Escrituras.

Quiero concluir estas siete sesiones semanales entregándote siete cosas que el enemigo no quiere que sepas y que, mientras no las conozcamos o no las recordemos, estaremos cediendo terreno de nuestras vidas al dueño y *príncipe de ese mundo*. No es hasta que apareció Cristo, que él perdió la absoluta libertad para ejecutar sus planes. Su agenda se describe en las Escrituras como *robar*, *matar* y *destruir*.

El apóstol Pablo nos exhorta en la epístola a los Efesios con las siguientes palabras:

> *Pónganse toda la armadura de Dios para poder mantenerse firmes contra todas las* estrategias *del diablo.*
> (Efesios 6:10, 11, NVI)

Estrategia o *asechanza*. Este último término proviene de una palabra de la cual en español se deriva el vocablo *método* o *metodología*. Con base en lo anterior, se infiere que el *enemigo* no está improvisando, sino que posee un método, una agenda y una estrategia que buscará

cumplir a ultranza. Por esa razón resulta muy inge-
nuo que muchos creyentes «improvisen» su andar en
Cristo, que no tengan, producto de la certeza de la
«guerra espiritual», disciplinas de la misma naturaleza
—*espirituales*— para equiparse saludablemente en Él
con el fin de obtener la victoria en la batalla.

La Biblia también habla de que el diablo permanece al acecho de manera constante. Lo que es interesante
establecer aquí es que su ataque no será frontal, sino
que *sus maquinaciones* la mayoría de veces son tan as-
tutas que no es posible advertir quién está detrás de lo
que ocurre en nuestra vida. Sin embargo, no todo está
perdido: el libro de Job muestra que Satanás pide permiso a Dios para hacer el mal a Sus hijos, y, en efecto
Dios, como sucedió con Pedro durante el ajusticiamien-
to de Jesús (Lucas 22:31), concede a Satanás ciertas situaciones, no para complacerlo, sino para probarnos a
nosotros mismos nuestra integridad, para que nos de-
mos cuenta de qué lado estamos y por qué hacemos lo
que hacemos. Nuestra reacción a los ataques de Satanás dejará ver «para quién trabajamos». Satanás y sus
demonios son, pues, la personificación y la realidad de
la guerra espiritual, ya sea fuera o en los espacios de la
consejería bíblica. Por lo tanto, resulta necesario conocer y poner en práctica siete principios que Dios quiere

que sepamos del enemigo. Comencemos con su agenda. ¿Qué quiere Satanás? El Señor estableció qué es lo que quería Satanás (Juan 10:10):

- Matar (separar)
- Robar
- Destruir

C. S. Lewis en *Cartas del diablo a su sobrino* (libro que recomiendo) busca dar a entender aquello que los demonios bien podrían charlar entre sí: «Nosotros operamos mejor en dos sentidos: cuando no creen que existimos o cuando todo se trata de nosotros». Si el cristiano no contempla que existe un enemigo y una batalla por librar, él es feliz y ni se inmuta, porque jamás sabremos de dónde proviene el golpe. Mismo caso: si todo en tu radar y en tu perspectiva se trata de Satanás y de sus ataques, él también estará feliz, porque ya logró quitar tu mirada del verdadero y necesario enfoque: Cristo. Esta agenda satánica nos permite establecer los siete principios que todo creyente debe conocer y que Satanás no quiere que sepas:

1. Que existe.
2. Que sus trucos son básicos y trillados.

3. Que necesitas a otros.

4. Que promoverá tu comodidad para eliminar tu productividad (dar fruto).

5. Que ya ha sido vencido.

6. Que sepas quién eres en Cristo.

7. Que si ves a Cristo y confías, vivirás.

1. QUE EXISTE

Una característica del enemigo que nos muestra la Biblia desde Génesis 3 es que es «astuto», pues se disfraza.

En algunos círculos de México existe la tendencia y la «fascinación» por el tema de los ángeles, y se cautiva a las personas con el asunto ese de «conoce a tu ángel». Pero es simple misticismo y algo muy errado enfatizar que el ser humano debe entablar relación cercana con esos espíritus celestiales. Mi principal preocupación —entre muchas otras contra ese enfoque— es que si de algo nos habla la Biblia con claridad es sobre uno de los disfraces favoritos de Satanás: el de *ángel de luz* (2 Corintios 11:14).

Pierdes porque muchas veces desconoces contra quién peleas.

> *Porque no luchamos contra gente como nosotros, sino contra*
> *espíritus malvados que actúan en el cielo. Ellos imponen su*
> *autoridad y su poder en el mundo actual.*
>
> (Efesios 6:12, TLA)

Nos encanta la idea de creer que el enemigo es nuestro jefe del trabajo, o nuestra esposa, el pastor, nuestros hijos, y otras personas, sobre todo porque son seres tangibles y es muy fácil culparlos porque los vemos, pero en *Cartas del diablo a su sobrino* podemos leer algo «que platican los demonios» y que nos aclara muchas cosas: «Me entrometo en conversaciones con la intención de sembrar malos entendidos y rencores».

La realidad es que una batalla es más clara cuando sabes contra quién peleas o contra quién no lo haces, pero sobre todo cuando sabemos quién es Aquel que ya ganó la victoria por nosotros en la cruz del Calvario. *¡Cristo es mejor!* Así que debemos saber cuál es nuestro papel en esta victoria.

2. QUE SUS TRUCOS SON BÁSICOS Y TRILLADOS

El enemigo posee su *playbook* o «libro de jugadas» muy claro y, honestamente, nada original. Los equipos de futbol americano profesional tienen algo muy cierto: necesitan cambiar y actualizar con regularidad su *playbook*, porque si no lo hacen corren el riesgo de volverse predecibles y, por lo tanto, fáciles de vencer.

El objetivo del libro de jugadas del enemigo, aunque ciertamente es un experto mercadólogo y nos «vende» el mundo como nuevo y fresco, bueno y útil, en realidad siempre su objetivo ha sido destruir vidas, matrimonios, familias, iglesias y naciones a lo largo de la historia. Su idea base es la misma: Satanás rara vez dirá: «Cree en mí», sino que sutilmente le propondrá a tu cerebro pensar: «Cree en ti». Desde Génesis 3 el propósito es: elimina a Dios y sus dichos de la ecuación y tú elige, pues «tú eres como Dios». Pero es una ironía, porque Adán y Eva en realidad ya poseían una naturaleza original supracelestial, pues Génesis 1 asegura que el primero fue hecho *a imagen de Dios*. Entonces, el enemigo siempre nos susurrará que tengamos y que seamos solo lo que Dios ofrece *en Sí mismo*, pero que aspiremos a poseerlo *sin Él*; esto es, a nuestro modo y en tiempo y forma deseados.

Cuando conocemos las estrategias del maligno podemos detectar su actuar en los acontecimientos del mundo y de nuestras vidas. Pero cuando conocemos a Dios a través de Jesucristo, y confiamos y nos dejamos guiar por Él, es posible conectar lo que sucede en nosotros y a nuestro alrededor con lo que dijo, y así depositar nuestra confianza en Su mano. Eso hacemos en consejería: no solo se trata de conectar la Palabra de Dios con la obra de Dios en cada uno, sino que parte del proceso es ayudar a las personas a *conocer la verdad, de modo que cuando venga la mentira sea más sencillo atacar cambiando la conversación.*

Satanás estimulará nuestra carne para que sea ella la que nos controle. El apóstol Pablo habla en Romanos de esta «batalla de reinos»:

Los que están dominados por la naturaleza pecaminosa piensan en cosas pecaminosas, pero los que son controlados por el Espíritu Santo piensan en las cosas que agradan al Espíritu. Por lo tanto, permitir que la naturaleza pecaminosa les controle la mente lleva a la muerte. Pero permitir que el Espíritu les controle la mente lleva a la vida y a la paz. *Pues la naturaleza pecaminosa es enemiga de Dios siempre. Nunca obedeció las leyes de Dios y jamás lo hará. Por eso, los que todavía viven bajo el dominio de la naturaleza pecaminosa nunca pueden agradar a Dios. Pero ustedes no están dominados por su naturaleza pecaminosa. Son controlados por el Espíritu si el Espíritu de Dios vive en ustedes. (Y recuerden que los que no tienen al Espíritu de Cristo en ellos, de ninguna manera*

pertenecen a él). Y Cristo vive en ustedes; entonces, aunque el cuerpo morirá por causa del pecado, el Espíritu les da vida, porque ustedes ya fueron declarados justos a los ojos de Dios.
(Romanos 8:5-10, NTV)

¡Me encanta! Descansar en la esperanza de rendirnos al señorío de Cristo y que Él tenga el control de todo. Empezar a atesorar Su Palabra como lo hemos venido haciendo desde hace siete semanas implica hacer real eso de que *Él vive en ti* (Juan 15:4-14, NTV).

Por otra parte, Pablo en su carta a los Gálatas destaca las evidencias de cuando la carne está controlando nuestra vida:

Y manifiestas son las obras de la carne, que son: adulterio, fornicación, inmundicia, lascivia, idolatría, hechicerías, enemistades, pleitos, celos, iras, contiendas, disensiones, herejías, envidias, homicidios, borracheras, orgías, y cosas semejantes a estas; acerca de las cuales os amonesto, como ya os lo he dicho antes, que los que practican tales cosas no heredarán el reino de Dios.
(Gálatas 5:19-21, RVR1960)

Eso éramos y sufríamos antes de Cristo, pero como vimos en Romanos 8, ahora tenemos esperanza porque Él vive en nosotros.

Una verdad que ya es fundamental en mis predicaciones en Horizonte Querétaro, y que desde este año forma parte esencial de mi ADN espiritual y funcional, es ayudar a que más personas *entiendan que la vida cristiana no es lo que tú harás para Cristo, sino que Él vive en ti, y desde el momento en que rendimos y entregamos nuestra vida a Él, comenzó un proceso de renovación de adentro hacia fuera.*

Sí, la vida cristiana es un proceso, y está en Sus manos.

El apóstol Santiago aporta otro matiz al asunto de la carne, y es nuestra manera de pensar la que rige la perspectiva de nuestro andar. Resalto lo anterior porque parte medular de un proceso de consejería consiste en poder asumir responsabilidades. Es fácil justificarse y señalar a otros, o argumentar que otros son los responsables de cómo andamos y de nuestras buenas o malas decisiones. Yo lo sé, he estado allí. Pero la realidad es que *Dios no nos pedirá cuentas de lo que otros nos hagan, aunque sí de cómo respondemos.* Este texto de Santiago, más allá de una lista clara de obras que son resultado de la carne al controlarnos, pone énfasis en los motivos y en la falsa sabiduría que ejerce sobre nosotros. Por lo tanto, debemos estar alertas:

Pero si tienen envidias amargas y ambiciones egoístas en el corazón, no encubran la verdad con jactancias y mentiras. Pues la envidia y el egoísmo no forman parte de la sabiduría que proviene de Dios. Dichas cosas son terrenales, puramente humanas y demoníacas. Pues donde hay envidias y ambiciones egoístas, también habrá desorden y toda clase de maldad. (Santiago 3:14-16, NTV)

¿Recuerdas qué es el desorden? Es la ausencia de Dios y Su Palabra siendo ejecutada por Su creación (véase el capítulo 1).

Jorge Valdano, un exfutbolista campeón del mundo, que ha sido técnico y directivo del Real Madrid, es uno de mis autores favoritos en temas deportivos y de vida. Él comenta acerca de los partidos y del oponente y afirma que hay tres partidos por jugar:

- El previo
- El real
- El repasado

Durante estas siete semanas hemos jugado *el previo*, preparándonos para las batallas por venir; *el real* está constituido por los avances que has visto día a día en tu vida y la TÁCTICA se diseñó para este juego. Pero una vez que concluyas este libro, la invitación es que monitorees *el repasado*, ver y recordar una y otra vez dónde comenzó Dios a actuar contigo estas semanas y cómo has ido avanzando en Cristo, así como identificar las áreas que todavía necesitas trabajar. Si llevas a cabo lo anterior —una forma de VAR espiritual— verás el poder de Dios obrando con esperanza en tu vida.

Hablando de deportes, antes de saltar al siguiente punto, quiero destacar algo que en ocasiones pasamos por alto: la fatiga o el mal estado físico a todos nos vuelve débiles o cobardes. El hecho de que no estés durmiendo bien, comiendo bien y haciendo el ejercicio que tu organismo necesita, te pondrá en desventaja a la hora de la batalla. Debes saber que se libra una guerra por tu descanso, por tu atención a la mayordomía de tu cuerpo, que si no la ganas te mantendrá «débil» y te hará presa fácil. Hablaremos del asunto con más detalle en otros recursos que publicaremos más adelante.

3. QUE NECESITAS A OTROS

La vida en Cristo es un proyecto en comunidad.

Y no dejemos de congregarnos, como lo hacen algunos, sino animémonos unos a otros, sobre todo ahora que el día de su regreso se acerca.

(Hebreos 10:25, NTV)

Dejemos claro lo siguiente: aislarse y querer andar y pelear solos, sin procurar el compañerismo ni transitar en luz junto a otros, implica ponerse en alto riesgo uno mismo y a la familia. A Satanás le produce gran placer observar a cristianos que, por las razones que sean, se aíslan, pues sabe que solos son presa fácil. Recuerda, por ejemplo, las escenas de televisión de programas alusivos al reino animal que muestran a los depredadores acechando manadas enteras; por lo general, van sobre tres tipos de presas:

1. Las más pequeñas.
2. Las más débiles.
3. Las que negligentemente se quedan aisladas del grupo.

El enemigo, *como león rugiente*, acecha esos perfiles, pero se trata de personas al interior de la Iglesia. Con tristeza lo digo: sus presas más apetitosas son los pastores y los líderes que se aíslan porque muchas veces el daño que causa al rebaño cuando devora esas vidas es mortal. Hoy más que nunca tengo muy claro que los pastores aislados no son saludables para el ministerio, ya que esa condición se debe a que no les conviene habitar en luz y verdad, o la asumen por comodidad, disfrazada de falsa humildad, con el argumento de que «no quieren molestar». Pero no es sano porque *todos* necesitamos ayuda en comunidad. Los pastores debemos ser los primeros en protegernos y en poner el ejemplo a las ovejas.

Los pastores también son ovejas.

Y eso a veces se nos olvida.

La Biblia es muy enfática a lo largo de todo el Nuevo Testamento al enseñar una gran lección: *Unos a los otros* (orar unos por otros, llevar las cargas los unos de los otros, sométanse unos a otros, etcétera). Necesitamos abrazar la realidad de lo necesario que es la comunidad. ¡No te expongas! Ora, procura, y comprométete con mecanismos en tu Iglesia local de mutuo cuidado y edificación. Busca buenos discipulados regulares o programas de estudio bíblico que los organismos eclesiales tienden a ofrecer de manera presencial o en línea. Sin embargo, *nada de eso suplirá el contacto y la dinámica bíblicamente saludable para el alma del creyente que ofrece la comunidad en Cristo, el ejercicio real del* unos a otros.

La Iglesia y sus miembros son el invernadero donde podemos ejercitar en confianza lo que vemos en la Biblia. Si no somos capaces de soportar, perdonarnos y amarnos entre nosotros, entonces hay poca esperanza de que el mundo vea lo que es y ofrece una comunidad dirigida por Cristo. Así que ora, ora mucho; de verdad pide a Dios que te dé un corazón que ame lo que Él ama, y persevera al procurar con humildad integrarte a la dinámica en tu entorno social de modo que halles el estímulo de la misma Iglesia para amar más a Dios y al prójimo como fruto de la verdad práctica *unos a otros*. Para Su gloria.

4. QUE PROMOVERÁ TU COMODIDAD PARA ELIMINAR TU PRODUCTIVIDAD (DAR FRUTO)

Una de las estrategias más importantes de conocer es que en su agenda Satanás ha programado destruirnos y buscará hacerlo de un momento a otro o paulatinamente. En la Iglesia, uno de sus placeres favoritos es tener «cristianos eunucos» en lugar de evangélicos; es decir, cristianos que por negligencia, pereza o convicción *no* poseen fruto ni «descendencia». Satanás desea y pretende generar una cultura de «cristianos de estadio», donde muchos solo observan sentados, pero pocos hacen lo que todos deberían hacer. Recuerda, la dinámica bíblica es *unos a otros*. Sin embargo, Satanás tampoco tiene prisa por destruirte, pues muchas veces lo hará poco a poco; te llevará al final de tus días «jugando a que eres cristiano». En Horizonte Querétaro decimos: «Una vida en la que tú crees que crees en Dios».

Antes de ascender al cielo, Jesús dejó una encomienda muy clara:

> *Jesús se acercó y dijo a sus discípulos: «Se me ha dado toda autoridad en el cielo y en la tierra. Por lo tanto, vayan y hagan discípulos de todas las naciones, bautizándolos en el nombre del Padre y del Hijo y del Espíritu Santo. Enseñen a los nuevos discípulos a obedecer todos los mandatos que les he dado. Y tengan por seguro esto: que estoy con ustedes siempre, hasta el fin de los tiempos».*
> (Mateo 28:18-20, NTV)

Un discípulo de Cristo que no tiene un discípulo en su vida es un discípulo «raro» pero definitivamente no de Cristo.

En otras palabras, una evidencia de vida en alguien que dice estar madurando en seguir a Cristo es que está sirviendo a otros para ponerlos a punto en su caminar con Cristo.

Satanás no tiene ningún problema con que acudas cada domingo a la iglesia, cantes y escuches, siempre y cuando pierdas el tiempo sin realizar nada y olvides la encomienda de nuestro Rey: *hacer discípulos.*
Pero déjame aclarar dos cosas:

1. La única razón por la cual alguien puede no estar dando a conocer a Dios y Su obra de salvación personal quizá se deba a que no existe verdadera salvación en su vida. Hubo un cambio moral, sí; una decisión de echarle ganas, sí; un lamento por las consecuencias del pecado, etcétera, pero en la Biblia vemos que cada persona que tuvo un verdadero encuentro con Jesús para su salvación va y vive para anunciar lo que Él hizo. Incluso un endemoniado sin muchos estudios lo hizo, ¿recuerdas?

... le dijo [Jesús]: *Vete a tu casa, a los tuyos, y cuéntales cuán grandes cosas el Señor ha hecho contigo, y cómo ha tenido misericordia de ti. Y se fue, y comenzó a publicar en Decápolis*

cuán grandes cosas había hecho Jesús con él; y todos se maravillaban
(Marcos 5:19-20, RVR1960)

2. Puede ser que no tienes la confianza para articular verbalmente lo que ha pasado en tu interior. Pero aquí hay una invitación de Dios para ti:

… Así que no se preocupen ni tengan miedo a las amenazas. En cambio, adoren a Cristo como el Señor de su vida. Si alguien les pregunta acerca de la esperanza cristiana que tienen como creyentes, estén siempre preparados para dar una explicación; pero háganlo con humildad y respeto…
(1 Pedro 3:14b-16a, NTV)

Entonces ¡prepárate! Comprométete con tu Iglesia, estudia y persevera en el conocimiento de Dios, de Su obra y de la vida que activa la nueva identidad que nos ha dado en Cristo. Ahora que has vuelto a Él, el objetivo es que otros tengan oportunidad de ver y escuchar lo que solo Dios pudo hacer en ti, y que de la mejor y más adecuada manera propicies que se unan a esa conexión y también lo puedan conocer.

¿De verdad quieres marcar una diferencia a favor del reino de Dios? Cumple Su instrucción. Ora y aprovecha oportunidades para dar a conocer y ayudar a otros a experimentar la relación con Dios que tú comenzaste a comprobar durante estas semanas. Hoy a cada Iglesia acuden algunos hermanos con la cabeza *inflada* de teología o de información, o que tienen «linaje de piedad» y son hijos de pastor o de misionero; la «cuna cristiana», pues. Pero no sé a qué Dios siguen, porque en las personas que conozco así —que reúnen esas características— no percibo que amen y caminen con Cristo desde la «amorosa obra evangélica» (dar a conocer las buenas noticias de salvación en Cristo) propia. Todo creyente que afirme que está creciendo, pero para quien todo solo es «Jesús y yo», en realidad se engaña, porque su llamado es ser luz donde hay oscuridad, no luz en la luz.

> *Andar con Cristo siempre juntos*
> *es una combinación de ser discípulo*
> *y hacer discípulos.*

Satanás es el que más feliz y satisfecho se muestra con tu exceso de información teológica, siempre y cuando no baje y encienda tu corazón, porque si eso ocurre te habrá perdido, pues al sumar discípulos podrás ser luz y sal para otros en Cristo.

5. QUE YA HA SIDO VENCIDO

Cristo vino a destruir la obra de Satanás. Presta atención a las siguientes palabras del apóstol Juan:

> *Sin embargo, cuando alguien sigue pecando, demuestra que pertenece al diablo, el cual peca desde el principio; pero el Hijo de Dios vino para destruir las obras del diablo. Los que han nacido en la familia de Dios no se caracterizan por practicar el pecado, porque la vida de Dios está en ellos. Así que no pueden seguir pecando, porque son hijos de Dios.*
> (1 Juan 3:8-9, NTV)

Como vimos en Romanos 8, puedes ser libre porque Cristo vive en ti, y Él ya venció al enemigo en la cruz para ofrecerte un reino de esperanza, perdón y propósito en Él.

6. QUE SEPAS QUIÉN ERES EN CRISTO

Satanás pretende que pierdas de vista quién eres, porque «identidad determina actividad», así que hará todo lo necesario para que apartes la mirada de Cristo y pierdas tu identidad espiritual.

En la carta a los Gálatas se asienta:

> ... *Dios lo envió* [a Cristo] ... *para que comprara la libertad de los que éramos esclavos de la ley, a fin de poder adoptarnos como sus propios hijos; y debido a que somos sus hijos, Dios envió al Espíritu de su Hijo a nuestro corazón, el cual nos impulsa a exclamar «Abba, Padre». Ahora ya no eres un esclavo sino un hijo de Dios, y como eres su hijo, Dios te ha hecho su heredero.*
>
> (Gálatas 4:5-7, NTV)

Entretanto, la carta a los Colosenses declara:

> *Ya que han sido resucitados a una vida nueva con Cristo, pongan la mira en las verdades del cielo, donde Cristo está sentado en el lugar de honor, a la derecha de Dios. Piensen en las cosas del cielo, no en las de la tierra. Pues ustedes han muerto a esta vida, y su verdadera vida está escondida con Cristo en Dios. Cuando Cristo —quien es la vida de ustedes— sea revelado a todo el mundo, ustedes participarán de toda su gloria. Así que hagan morir las cosas pecaminosas y terrenales que acechan dentro de ustedes. No tengan nada que ver con la inmoralidad sexual, la impureza, las bajas pasiones y los malos deseos. No sean avaros, pues la persona avara es idólatra porque adora las cosas de este mundo. A causa de esos pecados viene la*

furia de Dios. Ustedes solían hacer esas cosas cuando su vida aún formaba parte de este mundo; pero ahora es el momento de eliminar el enojo, la furia, el comportamiento malicioso, la calumnia y el lenguaje sucio. No se mientan unos a otros, porque ustedes ya se han quitado la vieja naturaleza pecaminosa y todos sus actos perversos. Vístanse con la nueva naturaleza y se renovarán a medida que aprendan a conocer a su Creador y se parezcan más a Él.

(Colosenses 3:1-10)

Vístete cada día con esa nueva naturaleza y esa nueva identidad en Cristo, conoce más y más a nuestro Creador y sé transformado más a la imagen de Jesús.

Por lo general, dentro del proceso de consejería acostumbro caminar e involucrarme un poco más con los varones que aconsejo o de quienes funjo como su mentor. Hace poco un gran amigo *gamer* me enseñó un videojuego, y la experiencia me remitió a Efesios, porque Pablo cierra la enseñanza hablando de la famosa *armadura de Dios*. A mí me encantan los videojuegos; sin embargo, no los juego tanto como antes, pero este *gamer* (que es de mis mejores amigos) me «evangelizó» con uno de batallas, en el que básicamente uno inicia aterrizando sin nada y debe encontrar casco, chaleco, armas para el ataque y diversos elementos que le provean protección.

El juego me encantó y lo estoy usando para ejemplificar a mi hijo la necesidad de «vestirse» de Cristo, de protegerse y armarse, porque la batalla se encuentra activa, y te van a dar, y el que permanezcas hasta el final dependerá mucho de que estés bien protegido y de que sepas manipular las mejores armas en la contienda.

De acuerdo con la Biblia, estamos en un mundo bajo ataque, de modo que si no te preparas, si no te cubres y no aprendes a usar la Palabra de Dios en tu vida, seguramente te eliminarán. En eso radica la importancia de que, cada mañana, antes de salir de casa, te protejas y te armes en Cristo para la batalla diaria, y al final, por Su gracia, estarás en pie.

7. QUE SI VES A CRISTO Y CONFÍAS, VIVIRÁS

El autor de Hebreos expresa:

> *Por lo tanto, ya que estamos rodeados por una enorme multitud de testigos de la vida de fe, quitémonos todo peso que nos impida correr, especialmente el pecado que tan fácilmente nos hace tropezar. Y corramos con perseverancia la carrera que Dios nos ha puesto por delante.*
>
> (Hebreos 12:1, NTV)

Lo anterior se logra si fijamos nuestra mirada en Jesús, el Campeón (dirigente, jefe, «el mero mero»), quien inicia y perfecciona nuestra fe (Hebreos 12:1-3). Sin importar lo que el enemigo pretenda que creamos en este proceso, debemos saber que es posible regresar a Cristo. Pero evitemos caer en el error de creer que Él nos acompañará y nos bendecirá si abrazamos un estilo de vida que practica lo opuesto a Su diseño original.

Hace poco aconsejé a un matrimonio en el que ella había cometido adulterio, y después de un mes de proceso recayó, buscó de nuevo al amante y persiguió una vez más ese estilo de vida contrario a lo que Dios determina. La mujer sabía de Biblia, y habiendo dejado a su esposo y a sus hijos, irónicamente publicaba en redes sociales acerca de cómo Dios la bendeciría en ese «nuevo comienzo». Pero ya Pablo le enseñaba a su discípulo y colaborador Tito que vivir en la verdadera gracia consiste en hacerlo de modo que sea una respuesta a lo que Cristo hizo para salvarnos y comprarnos de vuelta para sí mismo (Tito 2:11-14). Él pagó un precio alto; por lo tanto, nosotros anhelamos agradarle y hacer Su voluntad.

Si nos arrepentimos, no hay otro como Él para restaurarnos. Jeremías lo expresa mejor que nadie:

… Esto dice el Señor:

«Oh Israel, mi pueblo infiel,

regresa otra vez a mí,

porque yo soy misericordioso.

No estaré enojado contigo para siempre.

Solo reconoce tu culpa;

admite que te has rebelado contra el Señor tu Dios

y que cometiste adulterio contra él

al rendir culto a ídolos debajo de todo árbol frondoso.

Confiesa que rehusaste oír mi voz.

¡Yo, el Señor, he hablado!

Regresen a casa, ustedes, hijos descarriados

—dice el Señor—,

porque yo soy su amo».

(Jeremías 3:12-14, NTV)

La batalla espiritual no es por una acción, sino por una convicción: ¿quién es tu dueño?

Si al final de estas siete semanas has decidido que tu dueño es Dios, vive conforme a esa nueva identidad; conócela, abrázala y persevera. Se libra una pelea cuyo fin es que renuncies al camino de vida, ¡pero no lo hagas! *Cristo es mejor.*

Hay una hermosa promesa con la que quiero cerrar este proceso:

> *Así que no nos cansemos de hacer el bien. A su debido tiempo cosecharemos numerosas bendiciones si no nos damos por vencidos.*
>
> (Gálatas 6:9, NTV)

No te canses, espera resistencia y pruebas; no te rindas, persevera. Bajo presión Dios nos muestra nuestra fe real (Santiago 1:2-4), porque *a su debido tiempo* habrá días mejores a los que antes vivías y a veces Dios permite días malos en el proceso. Durante una clase con una de mis maestras favoritas de consejería, Elyse Fitzpatrick, ella comentó: «Necesitamos días de fracasos, porque nos ayudan a humillarnos, y a través de ellos podemos ver cómo se derrama la gracia de Dios sobre los humildes».

Es un estilo de vida muy diferente vivir en Cristo y tener momentos de caída, que vivir sin Cristo en derrota, en rebelión y en autosabotaje. De vez en cuando acordarte de Cristo «no es mejor». Vive en Cristo y que Él viva en ti; juntos debemos *permanecer en Él*. Y cuando te equivoques, no pierdas tiempo justificándote o repartiendo culpas. ¡Ve a Cristo!, regresa a casa, *¡recuerda quién eres!*, *quién Dios dice que eres en Él, y déjalo trabajar* *en la sanidad de tu alma* y en la transformación de dentro hacia fuera que solo es posible con Su poderosa gracia. ¡Has nacido de nuevo! Deja crecer el fruto de haber creído en el mensaje redentor de la cruz. Cristo lo hizo por ti. *Cristo es mejor.*

Acércate con tu pastor o tu consejero y elaboren juntos un plan de acciones muy concretas sobre las cuales perseveres durante las próximas semanas; establezcan los mecanismos a los cuales te comprometerás para tu crecimiento en Dios.

Si Dios no se rindió contigo, no lo hagas tú. Pidamos a Dios un corazón que anhele vivir para la gloria de Aquel que nos compró por un precio alto. Vivamos para Él desde hoy.

APLICACIÓN MILLA EXTRA (AME)

Comienza a transcribir con tus palabras la Carta a los Efesios; también procura encontrar el acróstico ARDE mientras elaboras tus notas.

_____

_____

_____

_____
_____
_____
_____
_____
_____
_____
_____
_____
_____
_____
_____
_____
_____
_____
_____
_____
_____
_____
_____
_____
_____
_____
_____

Palabras finales

Te pido por favor que hagas oración por este proyecto editorial que estoy comenzando, así como por los siguientes recursos que próximamente se publicarán sobre diversos temas de consejería bíblica.

Valoro mucho tus oraciones, pero sobre todo quiero reconocer tu apoyo por terminar de leer este libro; concluir lo que se empieza es uno de los valores más significativos del ser humano, y tú lo has logrado. Que Dios te conceda permanecer en Él, y encontrarnos más adelante, ya sea por escrito o en persona. No lo olvides: *eres amado*.

Déjame orar por ti para terminar esta jornada juntos.

Señor, te suplico por _____; Tú has empezado una obra poderosa en su vida de salvación y transformación, y dependemos de Tu Espíritu Santo ahora, que nos asegura que quien comenzó la buena obra en nosotros, la perfeccionará hasta el día de Cristo. Te ruego que nos ayudes hasta que ese día llegue a vivir una vida que haga evidente que somos Tuyos. En el nombre de Jesús, nuestro Rey y redentor, amén.

Acerca del autor

A los diecinueve años, Kike Torres ya se desempeñaba como vicepresidente de jóvenes empresarios de la Coparmex (Confederación Patronal de la República Mexicana) en el estado de Morelos; al paso del tiempo se involucró en el mundo empresarial y de negocios como conferencista en México, Estados Unidos y Centroamérica, en temas de liderazgo, negociación, trabajo en equipo, entre otros inherentes al desarrollo humano. Aun cuando alcanzó el éxito, y no obstante que conocía el evangelio de Cristo desde niño, su realidad de vida en el fondo estaba llena de insatisfacción y despropósito, y a pesar de que a su manera buscaba obtener todo lo que consideraba que necesitaba, al mismo tiempo se convertía en una persona cada vez más miserable. Hasta que Dios lo llevó a un punto en el que por Su gracia —y muy a tiempo en 2005— pudo reconocer una verdad que hasta hoy sigue cambiando su vida: «HAY UN DIOS Y NO SOY YO».

El autor ha servido desde 2011 como pastor-líder en la iglesia Horizonte Querétaro (www.cristoesmejor.com), una institución que en 1994 creó el pastor Juan Domingo (hoy radicado en la ciudad de Ensenada, Baja California). Además, de la mano de Dios ha fundado iglesias en Torreón, Tabasco, Hermosillo, Tijuana, Tequisquiapan y Ciudad de México.

Por invitación de uno de sus mentores y amigos, Luis Mendez, inició el entrenamiento en Faith Baptist Church, cursando cuatro *tracks* de consejería bíblica, y está en proceso su certificación con la ACBC (Association of Certified Biblical Counselors). Es fundador del Seminario de Estudios Bíblicos Aplicados al Ministerio (SEBAM), en donde funge también como maestro y consejero. Asimismo, fue fundador y presidente de la Coalición de Consejería Bíblica en México (www.consejero.org) y es miembro del consejo global de Biblical Counseling Coalition. Forma parte del equipo de escritores de Coalición por el Evangelio (www.coalicionporelevangelio.org).

Actualmente estudia la maestría en el Southeastern Baptist Theological Seminary. Está casado con Paulina y juntos tienen un hijo llamado Christian.